销售中的拒绝处理70招

崔小西◎著

U0892945

黑龙江教育出版社

图书在版编目（CIP）数据

销售中的拒绝处理70招/崔小西著.--哈尔滨：
黑龙江教育出版社，2017.2（2018.5重印）
（读美文库）
ISBN 978-7-5316-9131-0

Ⅰ.①销… Ⅱ.①崔… Ⅲ.①销售—语言艺术—通俗
读物 Ⅳ.①F713.3-49

中国版本图书馆CIP数据核字(2017)第041208号

销售中的拒绝处理70招

Xiaoshouzhong De Jujue Chuli 70 Zhao

崔小西 **著**

责任编辑	宋　菲
装帧设计	仙境书品
责任校对	唐克强
出版发行	黑龙江教育出版社 （哈尔滨市群力新区群力第六大道1305号）
印　　刷	保定市西城胶印有限公司
开　　本	880毫米×1230毫米　1/32
印　　张	7
字　　数	140千
版　　次	2017年5月第1版
印　　次	2018年5月第2次印刷

书　号　ISBN 978-7-5316-9131-0　　定　价　26.80元

黑龙江教育出版社网址：www.hljep.com.cn
如需订购图书，请与我社发行中心联系。联系电话：0451-82533097　82534665
如有印装质量问题，影响阅读，请与我公司联系调换。联系电话：010-64926437
如发现盗版图书，请向我社举报。举报电话：0451-82533087

前　言

Preface

面对日益激烈的竞争，销售变得越来越不容易，客户也变得越来越挑剔。整个销售就像一场角逐已达白热化的足球赛，销售人员的“攻球”无数次地被客户拒之门外。但凡是做销售的，就必须面对被客户拒绝的境地。再成功的销售人员都不可避免地会有被客户拒绝的时候。面对拒绝，你如何维持销售？你会丧失勇气吗？你的兴致会踪影全无吗？此时此地你会被击垮吗？或者它只会激起你更大的决心？它使你奋起直面反对意见，鼓起你的勇气，还是使你偃旗息鼓？脸皮薄、感情脆弱的销售人员往往在遭遇第一次拒绝和挫折时就泄气了。给顾客说“不”的机会是不幸的，但是不要让一个“不”字把你击垮了。遭到拒绝经常会伤害销售人员的自信和自尊。但是作为销售人员要学会与客户的拒绝为友,把客户的拒绝当作自己的好朋友。

无论是新手还是入行很长时间的销售员，都可能遭到客户的拒绝。试想一下，如果每个人都排队去买产品，那销售人员也就没有作用了，顶尖销售人员也不会被人们所尊重。所以，销售遭受拒绝属于家常便饭。问题在于优秀的推销员认为被拒绝是正常的工作内容，并养成了习惯吃闭门羹的气度，他们经常抱着被拒绝的心理准备，并且怀着征服客户拒绝的自信，以极短的时间完成销售。即使失败了，也会冷静地分析客户的拒绝方式，找出应对这种拒绝的方法，下次再遇到这类拒绝时，就会胸有成竹了。这样长此下去，所遇到的真正拒绝就会越来越少，成功率也会越来越高。

当被拒绝后，要分析原因，如果这种方法对这种客户行不通，那就换另外一种方式。因此，针对不同的人、不同的客户处理方式也不一样。作为一名推销员，一定要有“只要我不放弃，谁也拒绝不了我”的信念。只有这样，才有可能推销成功。

销售人员如何与客户过招才不被客户拒绝？在被客户拒绝之后如何处理,才能顺利成交？这正是我们所要探讨的问题。

《销售中的拒绝处理 70 招》一书，总结了众多销售人员的工作方法与经验，对成千上万奋战在一线的销售人员在工作中最有可能遇到的各种销售问题进行了全面盘点和总结。全书分为上、中、下三篇，共 70 招。这三篇分别讲的是实体店、上门拜访推销拒绝处理；电商、微电商销售拒绝处理；电话销售拒绝处理。这 70 招，也就是 70 个情景，每一个情景下面都分为情景再现、情景分析、技巧点拨，让销售情节更加生动、鲜活，也更加便于读者理解、分析和掌握。希望广大销售人员通过阅读本书，能够切实提高技能水平，迅速提升自己的业绩。

目 录
Contents

上篇 实体店、上门拜访推销拒绝处理

中篇　电商、微电商销售拒绝处理

第一章　买家对商品疑虑怎么处理

第二章　买家对物流的疑虑怎么处理

第三章 买家对售后有疑虑怎么办

第四章 买家讨价还价时怎么处理

第五章 间接拒绝不让价

第六章 不同场景如何讨价还价

下篇 电话销售拒绝处理

第一章 客户电话中直接拒绝

第二章 客户电话中存疑间接拒绝

上篇

实体店、上门拜访推销拒绝处理

第一章
态度不好直接拒绝时该怎么处理

情景 1　刚一开口就遭到怒吼

情景再现

在一个炎热的夏季的一天，太阳能把人晒得起皮，贝德佳驱车行驶到了一个规模很大的农场边。地面起伏不平，筒仓和谷仓建筑都是尖顶型，大的农舍刚被粉刷完。看起来这位农场主应该是位极好的潜在客户。他看了看手表，12 点刚过 10 分。贝德佳看到这位农场主正在一大片小麦地中间的拖拉机上。该是他从太阳底下躲起来休息一会儿的时候了——也正是吃中午饭的时候。他把车停在路旁，从信箱处查找到农场主的姓名，然后穿过田地朝他走去。

“喂，金先生”，贝德佳尽量大声些，这样他就可能透过拖拉机的轰隆声听到声音，“请到这儿来一下！”

“什么事？”他喊道。“我有些重要的事要告诉你”，贝德佳大叫道，“你是威廉·金，对吗？”

把拖拉机开过那片地，停下并熄了火后，威廉·金从拖拉机上跳下朝贝德佳走来。这时，地面好像有点震动。他个子挺高的，体重也应该有 250 磅。

“重要的事？最好是重要的。”他咆哮着。（咆哮）

在贝德佳渐渐平静下来后，看到他的脸慢慢地变成甜菜根般地红。“我发誓，我一定会将下一位保险推销员从我的地里扔出去！”他怒吼着。（怒吼）

贝德佳直视着他的眼睛然后说：“我的朋友，让我来告诉你一些事。在你那样对我之前，你最好买下一份不贵但包括所有项目的保险。因为你需要它们。”

接下来是片刻的沉默，尔后他突然大笑起来：“真该死，天气这样热，我要歇一会儿。到屋里来坐会儿，我倒想听听你有什么东西。”他用手搂着贝德佳的肩膀，朝他的房子走去。

走进厨房，他对妻子说：“喂，甜心，你要听听这位雄辩家演讲吗？他说他能够说服我。”说完，大家一齐笑起来。笑完后，贝德佳也就轻松地推销出去一份保险。

情景分析

在推销员的职业生涯中，经常会遇到一些遭遇客户怒吼的情况，但千万不要因此而害怕退缩，实际上没有人会真正对推销员进行人身攻击，不管他或她是如何的沮丧或愤怒。客户发脾气，多半是因为当时心情很糟。因此，千万不要因为这一次失败而退缩放弃，否则你将与成功销售失之交臂。

技巧点拨

就算是高手，他同样会经历失败。一个新手，在一天中要经历多少次失败呢？如何对待失败呢？

第一，把失败当作一种学习的经历。当您向一个毫无兴趣的团体展示您的商品时，当您被一个可能成为客户的人拒绝时，或当您认为能够售出商品而未成交时，您可能会感到生气及失望。正确的态度应当是不灰心不气馁，对失败的原因进行认真的调查，总结经验教训，把以后的工作做好。爱迪生在发明白炽灯前总共失败了上千次，最后才获得成功。我们也要学习这种精神。

第二，把失败当作只是作为反面的信息回馈，以使您调整方向。信息反馈使我们能够再次走上工作日程。如果一个客户从不给我们任何的回复，但又安于我们为他提供的一切服务，始终做不出是否购买的决定，我们就会无所适从，而又不甘心结束与他们的关系。如果把自己当作被客户操纵的鱼雷，接受相反的指令以使自己保持运作状态，这对我们是有帮助的。如果我们向左转，机器会说“不”，并指挥我们重新指向目标。通过一系列“不”的不断修正，鱼雷朝着既定的目标奔进。但是如果来自所有的反面信息的输入对鱼雷的操纵不当并使它进入了危险区域怎么办？当进入危险区域时发生的两种情况是什么？是退缩或有了敌意。这样如果鱼雷不接受任何指令并返航将会发生什么？就会欺骗母舰。或者，如果鱼雷接受了拒绝指令并向最近的靶子奔近会发生什么事？就会对无辜的人造成伤害。如果遭到拒绝，不仅达不到我们的目标，而且周围的人将会不时地受到自己愤怒情绪的影响。这就是为什么一些销售人员会失去同事的信任和尊重,为什么一些人不再在办公室出现，只是终日躺在家中为他们自己伤感的原因。

第三，把失败当作发展自己幽默感的机会。还记得第一次与一位客户不愉快的会面经历吗？当时，我们恨不能爬进一个洞里再也不出来。但是，我们自己在以后的两个星期都做了些什么呢？可以肯定的是，经过一段时间的“伤口”愈合，我们把这个故事添油加醋地告诉自己的同事，引得众人哄堂大笑。我们学会的是过后的大笑。笑是一种有力的工具，可以治愈受伤的感情和被挫伤的懊恼。事实上，当我们将这些幽默故事与其他销售人员分享时，也同样知道了发生在他们身上的类似的经历。

第四，把失败当作实践销售手段和完善表现过程的机会。当我们在实际中实施着自己的销售技巧，而客户始终没有购买商品的意向，这时我们应该想，是他们给了我们完善销售技巧的机会。

第五，把失败当作自己必须玩赢的游戏。销售是一个数字游戏。我们接触的客户越多，得到的回报也就越多，赚的钱也就越多。即使过去没有在销售领域中孤注一掷过，那么当开始从事这场游戏时就这样做吧。

情景 2　没有预约不能接见

情景再现

法兰克·贝格是美国人寿保险行业的销售大王，有一次，他到约翰·史卡特公司求见史卡特先生。

史卡特先生的儿子拦住他问："我父亲今天很忙，你事先有没有约好这个时间？"（是否提前预约）

"我并没有事先约定时间，但他曾向敝公司函索一些资料，所以我亲自拜访。"（争取）

"喔，对不起，你选错了日子。现在已经有 3 个人在我父亲的办公室等着，而且……"（再一次拒绝）

这时，史卡特先生恰好经过他们身旁往仓库方向走去。

"爸，这位先生想见您。"

"您想见我吗？年轻人。"史卡特回头望望贝格很快进了仓库，贝格跟了进去。

"史卡特先生，我叫贝格，您向敝公司所要的资料，我给您带来了。"贝格递过去一张表格，表格上有史卡特先生的签名。

史卡特接过表格说："小伙子，我不想看什么资料，但我愿意接受贵公司分赠的备忘册，你们写了几封信来，说受赠名单上有我的名字，所以我在表格上签名寄回给你们。"（拒绝）

"史卡特先生，这些小册子并没有带给我们什么生意，只使我们投入其中，有机会和别人谈论自己的经验。"（争取）

"但我办公室还有 3 个人等着我，我忙得很。何况，我已经 63 岁了，几年以前就不再买保险。我该尽的义务都尽了，孩子们也都长大自立，家中唯有太太和一个女儿跟我一块住，我有足够的钱过舒适的生活。"

"史卡特先生，像您这么成功的人，除了事业和家庭外，一定仍有其他的兴趣和抱负。也许是盖一座医院，也许是投入宗教工作、传道或举办慈善活动，或其他有意义的事情。您是否想过万一您不在了，您的赞助也随之停止？这意味着将严重影响这些工作的开展，甚至因此终止。依据我们的计划，您无论是生是死，都可以继续赞助这些慈善事业。7 年之后，若您仍健在，每年可支领 5 000 美元，每月分别以支票兑领。若您不需要这些收入，也就罢了；若届时您用得上这笔钱，您会感到非常愉快与满足的。"

史卡特看看手表说："如果你愿意等一下，我待会儿想跟你谈谈这个问题。"（有意向）

20 分钟后，贝格被请入史卡特先生的办公室。

"请再说一次你的名字。"

“贝格，法兰克·贝格。”

“贝格先生，你刚才提到慈善事业，的确，我在国外建了三座教堂，我每年都投以巨资在这些最重视的工作上。你刚才说到什么计划？它可以帮我支持这些工作，即使在我死后；你又提到7年之后，我每年可有5 000美元的收入，那我现在得花多少钱买保险呢？”

当贝格告诉他保险金额后，他似乎吓了一跳。

“老天！真想不到！”

法兰克·贝格问起对方关于国外三所教堂的情况，史卡特对此津津乐道。贝格又问他是否亲自到那些教堂参观过，史卡特回答说不曾去过。但他告诉贝格，他的一个儿子和他的儿媳负责尼加拉瓜的教会工作，他打算秋天去探视他们。

贝格听得很专心，他接过话题说道：“史卡特先生，您到尼加拉瓜看孩子的小家庭时，如果您告诉他们您已做了周详的安排，即使您遇到任何不测，他们每个月仍可收到一张支票以开展教会工作，这么做您是不是很高兴？此外，写信告诉另外两个教会同样的消息，不也是非常快乐的吗？”

史卡特再一次提到保险金额太高，贝格则提出更多的问题引导对方思考，引导对方谈其国外三所教堂未来的命运。史卡特终于被说服了，他不仅答应买保险，而且立刻付了8 000多美元的头期款。（签单）

情景分析

每个推销员在拜访陌生客户时，都会有点恐惧，害怕遭到拒绝。初次遭到客户拒绝之后必须要坚持不懈，也许你会连续几十次、几百次地遭到拒绝。然而，就在这几十次、几百次的拒绝之后，总有一次，客户将同意采纳你的计划。为了这仅有的一次机会，推销员也要做出百分之百的努力。不管哪位销售大师，他的成功都源于在客户拒绝面前毫不气馁，始终坚信自己能够取得成功。

技巧点拨

销售员在面对陌生人时，往往不敢迈出第一步，而是试图背过身去逃避。其实，只要你能鼓起勇气，勇敢地迈出这第一步，以后的事就不会令你觉得那么困难了。只要你做到以下几点，一定会克服恐惧心理。

1. 相信自己

勇气是一切事业成功的基础。在销售工作中，相信自己则意味着不仅仅相信自己的办事能力，而且相信自己选择销售事业的正确性，相信自己的选择能够给每一个人带来健康、财富和事业，相信自己是把产品把爱心和朋友们分享。只要树立了这种职业的自信心与自豪感，你自然会勇敢地走向陌生人。

2. 评估对方

两人初见面时，往往会自然地在乎别人对自己的评价。但作为销售员，如果时时在意对方的想法，心理上就会有患得患失之感，产生巨大的压力，进而显得紧张无措。所以，你不如暂时忘记自己，反过来评价对方：仔细观察对方的表情、服装、说话神态，找到对方的缺点。这样，在心理上你就能从被动变为主动，产生与对方平等的感受，压迫感与恐惧感随之减缓。

3. 大声说话

在初次见面的场合，你不妨试着尽量放开声音，大声寒暄，有力地握住对方的手，开个无伤大雅的玩笑或爽朗地大笑，这些措施都会使紧张的心理迅速缓解，害怕与畏缩也就被抛到九霄云外了。

4. 寻找优点

一位著名的教育家说过："每个人必有其长处，心怀自信就会无往不利。"所以，在和陌生人会面前，请想一想自己优于他人的地方，即使是自认为微不足道的长处，也可以运用自我扩大的方法，扩大成足以自豪的优点，将那些无缘的自卑感驱逐出去，提高自信，消除不安。

5. 心情放松

我们的生活中总会有些日常琐事让人烦躁不安。你可能刚刚和妻子吵完架，也可能正因为孩子的不听话而生气。请你千万记住：不愉快的情绪会带给对方不愉快的印象。因此，在和陌生人会面时，一定要抛开不顺心的事，想一些让自己高兴的事，试着哼几句喜欢的歌，踩着轻快的步伐，让心情飞扬起来，把一个快快乐乐的你，呈现在别人面前。这时，你还会紧张吗？

6. 人非圣贤

人们初见面时，总是容易被对方外在的地位、头衔镇住，心理上不自觉地就产生压力。其实，你完全可以让他褪去那些耀眼的光环。他们和你一样都是有血有肉的人，也是从一个小娃娃一天天长大的，肯定也干过把两只脚塞进一个裤管的尴尬事，肯定也有着人性脆弱的一面。所以，你只要想着：“同样为人，我何须惧怕他呢？”就会让紧张的心情轻松下来。

7. 看淡得失

与人交往时，希望马上达到目的，往往会欲速则不达，反而因急于求成而显得慌乱、僵硬，使自己窘态毕现，无法发挥真正的实力。所以，在走近陌生人的时候，不要把第一次见面的得失看得太重，只要告诉自己，与对方建立良好的关系，取得再次见面的机会就够了。这样，你就会心平气和、从容自若地与人交往了。

情景3　时间就是金钱，你还有什么事儿

情景再现

一位推销录音笔的女士对一位男客户说：“因为我经常去拜访那些商界的头面人物，所以我了解像您这样的高层主管都

很珍惜自己的时间。米切尔先生，我相信您会同意这一点。”

“是的，小姐。时间就是金钱，你还有什么事吗？我要谢客了。”米切尔不耐烦地说。（拒绝）

这位女推销员并没有退缩、气馁，而是接着说：“我也非常珍惜您的时间，先生。所以我想尽量节约时间，今天就把订单交给您，那您要的录音笔星期五就可以发货了。”

“真是个好主意，不过，我今天下午要乘四点半的飞机离开，接下来的三天我都在外地。所以，我今天真是不想做任何决定。另外，我还得飞往西海岸参加一次重要的合同签字仪式。这样吧，你可以给我一些资料，我带到飞机上去看看，先看一下资料再说吧。”（推脱）

“米切尔先生，我知道您一定有很多活动安排。但是，我相信像录音笔这样的小项目根本不用您花时间考虑，您完全可以腾出时间去想别的事情。让我们现在就把这份订单处理掉，我保证等您回来的时候，您要的货已经发出去了。这样，您下个星期就可以用上了。”（争取）

“要是这样的话，当然不错。”

“那好，米切尔先生，请您在这儿签下您的大名。”

情景分析

一般在推销员介绍完产品后，客户很少能够马上做出购买的决定。

你应该激发他们，让他们感觉到自身的重要性，并且意识到缺乏决断能力是一件令人尴尬不已的事。这样做的目的，就是要满足客户的自尊和虚荣心，让他们购买你的产品。

人人都有虚荣心，只是程度不同罢了。我们这里的虚荣型顾客是指虚荣心、嫉妒心都比较强的一类顾客。

例 1：某位保险销售人员在和一位顾客进行沟通。

业务员："您每月的收入与其花在其他方面，还不如留一部分来为自己买一份保险。"

顾客："是啊，我每月最大的支出就是衣服和化妆品，你看，这件刚买的上衣 8 000 多元……"

例 2：在一家首饰商店里，一位顾客正在选戒指。

店员："您看看这款，价格还是比较实惠的。"

顾客："哎哟，这哪行啊，我的项链 20 000 多元呢，至少得和它相配才行吧……"

这一类顾客在与人交往时喜欢表现自己，突出自己，不喜欢听别人劝说，任性且嫉妒心较重。很多时候业务员可以从顾客的表情和语言来判断出这类顾客，他们在与业务员沟通时会着重显示他们的高贵，即便有时在吹牛。

对待这类顾客要熟悉他们感兴趣的话题，为他提供发表高见的机会，不要轻易反驳或打断其谈话。在整个推销过程中销售人员不能表现太突出，不要给对方造成对他极力劝说的印象。如果在推销过程中你能使第三者开口附和你的顾客，那么他会在心情愉快的情况下做出令你满意的决策。

技巧点拨

对待这类顾客有以下两种办法：

第一，赞美，甚至奉承。对待虚荣型顾客，即使你早已看出他在吹牛，你也假装糊涂地附和一阵："你穿上它好漂亮啊！""它真适合您的气质呀！"甚至奉承他，道："你真会买东西啊！"

像这种"谎言"，说上几箩筐也没关系，既给人家以快乐，又能锻炼自己的口才，何乐而不为呢？记住：一个善于包容他人缺点的人，总比别人拥有更多的成功机会。

当然，"奉承"的时候千万不能说漏了嘴。比如，说"某某公司，早就有了比你先进得多的产品了"之类的话易引起顾客的反感。相反，你可以这样说："某某公司花了三倍的价钱才买到。"从而激发顾客的购买欲。

第二，刺激。比如，故意对对方说："某某明星虽然年纪也有你这么大了，可还是那么漂亮。"此时，如果对方立即变脸或面红耳赤，那么您的目的便已达到，应立即采取补救措施，迅速说出该明星的若干不是来批评一通，对方肯定会露出非常愉快的表情。然后，你便接着赞美这位嫉妒心强的顾客，而且最好跟不特定的多数人做比较，数出他（她）的"优点"，这样效果会更好。

情景4　一看是销售猛然关门

情景再现

20世纪30年代，美国费城电气公司的韦伯到一个州的乡村去推销电。他到了一户富有的农家门前，叫开了门，户主是个老太太，一见是电气公司的代表，就猛然把门关闭了。

韦伯于是再次叫门，门勉强被打开了一条缝。韦伯说："很抱歉打扰您了，也知道您对用电不感兴趣。所以我这次并不是来推销电的，而是来买几个鸡蛋。"听他这样一说，老太太消除了一些戒心，把门开大了一点，探出头怀疑地望着韦伯。

韦伯继续说道："我看见您喂的道明尼克鸡种很漂亮，所以想买一斤新鲜的鸡蛋回城。"

听到他这样说，老太太就把门开得更大了一些，并问道："为什么不用你自己的鸡蛋？"

"因为"，韦伯充满诚意地说，"我家的鸡蛋是白色的，做起蛋糕来不好看，我太太就让我来买些棕色的鸡蛋。"

这时候，老太太走到门口，态度也温和了许多，并和韦伯聊起了鸡蛋的事情。但韦伯却指着院里的牛棚说："夫人，我敢打赌，您丈夫养牛赶不上您养鸡赚钱多。"老太太被夸得心花怒放。因为，长期以来，她丈夫总不承认这个事实。于是，她把韦伯视为知己，带他去鸡舍参观。韦伯边参观边赞扬老太太养鸡的经验丰富，并说，如果能用电灯照射，产的蛋会更多。

老太太这时对电似乎也不那么反感了，反而向韦伯询问用电是否合算。当然，她得到了圆满的解答。

两个星期后，韦伯在公司收到了老太太交来的用电申请。

情景分析

对陌生客户进行突然推销，难免显得有点唐突，而且很容易招致客户的冷遇，甚至是反感，最后遭到客户的拒绝。但是，如果推销员能够运用恰当的口才技巧，去真诚地赞美和恭维客户，再提出相关的问题，就容易博取对方的好感，起码能够将沟通进行下去，随后的推销过程也就会顺利得多。

技巧点拨

对客户进行赞美时，一定要做到具体、得体，这其中的尺度很微妙，需要推销员用心去体会和把握。如果赞美用词不当，或者太夸张，会给人留下很不好的印象，甚至会让人感到厌恶。

赞美的话题可小可大，小的话题可以是“您的气色很好”“您的院子真整洁”，等等；大的话题可以是“您做生意信誉很好”“听说您在 ×× 方面很有经验”，也可以说“一直仰慕您的学识和人品”，等等。

赞美的内容和方式越具体越好，这也表明了你对客户的了解程度。推销员在赞美客户时，要有意识地说出一些具体而明确的事情，而不是空泛、含糊地赞美。例如：

赞美某人的衣着。“您今天看起来很有风度。”“您的衣服很好看并且很时尚。”

赞美某人的房间。“这真是间漂亮的房子。”“这间房子装修得很雅致呀。”“啊，您的房间布置得真好！光线柔和、色调明快，使人赏心悦目，如果再铺上地毯的话，那将更是锦上添花了！”

赞美某人的手表。“这只手表很漂亮。”“这只手表的造型真是独特呀！”

赞美某人的小孩。“他们真聪明！”“他们真是太棒了！我希望我也能有这样好的孩子。”

赞美某人的新车。“从这部车可以看出现代科技的进步真是神速啊！您一定花了不少钱买这部车吧！”“能拥有如此完美的车，您真是与众不同！”

情景 5　我不需要你的东西，请走远点

情景再现

张明阳为了拓展服装店的生意，积极进行着开发活动。他在打算进入一家店面之前，先在店面附近的仓库出入口观察情况。这时，他听到仓库内传来了争吵的声音，面对这种形势，张明阳觉得可能会对销售十分不利，但既然来了，他还是决定

上前和店主打个招呼。

于是，张明阳上前对店主说："您好！不好意思耽误您的宝贵时间，我只是想和您打个招呼而已。我是枫叶服装公司的张明阳。"张明阳边说边恭敬地递上了自己的名片。

当然，张明阳知道在这种情况下，不可能会销售成功的，他也只是抱着再来一次的心理。但是令张明阳意想不到的是，店主看也没看一眼名片便把它丢在了地上，说："我不需要你的东西，请走远点。"（拒绝）

见到对方这种态度，张明阳十分愤怒，但却压住了心中的怒火，弯下腰拾起被扔在地上的名片，并且说："很抱歉打扰您了！"（道歉）

得知这种情况后，张明阳的同事都认为这家店一定攻不下来，但是在半个月后，张明阳还是再度前往拜访。（再次拜访）

来到店中，店主十分不好意思，向张明阳解释说自己那天的行为并不是故意的，只是当时心情不好，所以才会做出那种过火的行为。后来，店主还欣然接受了张明阳的推销，并且成了张明阳的最佳顾客。

情景分析

可见，成功的销售人员总是勇于面对顾客的拒绝。实际上，很多时候，被顾客拒绝并不意味着机会永远丧失。当销售人员遇到拒绝时，一定要首先保持良好的心态，要理解顾客的拒绝心理，要以顽强的职业精神和不折不挠的态度正视拒绝，千万不要因此而心灰意冷，放弃这项工作。如果你持之以恒，把所有的思想和精力都集中于如何化解顾客的拒绝，自然就会赢得顾客。

日本世界寿险首席销售人员齐藤竹之助说："销售就是初次遭到顾客拒绝之后的坚持不懈，也许你会像我那样，连续几十次、几百次地遭到拒绝。然而，就在这几十次、几百次的拒绝之后，总有一次，顾客将同意采纳你的计划，为了这仅有的一次机会，销售人员在做着殊死的努力，销售人员的意志与信念就显现于此。"

一位销售专家曾经说过："每一次明显的销售尝试都会造成沟通上的抵制。"人们就是不喜欢成为销售或干涉对象，尤其是成为一个陌生人的销售或干涉对象。当他们看到你走过来时，他们不一定总是躲起来，但他们会竖起各式各样的障碍，甚至可能是一个隐藏他们自然本性的防御性的面具，为了成功，你必须剥去这层人造外壳。

技巧点拨

销售业界流行一句话，那就是"推销从被拒绝的时候开始"。到新客户那里访问如果被拒绝后，千万不能泄气，必须安排一个时间再访问。要想拿到对方的订单，必须不断地努力，单凭一次访问是难以奏效的，一般情况下必须制订长期战略。

再次访问与初次访问主要有以下不同的准备方法及注意事项。

1. 要更开朗一些

“已经说过不订你的货，怎么又来了！”再次访问就是在这样尴尬的处境下开始的，不是应邀而来而是自己硬着头皮找上门来的。鉴于客户抱有成见和警戒的心理，因此要以比第一次访问时更开朗的心情和对方接触。若你准备不足，情绪则会立刻消沉下来，所以与初次访问相比，心情要更放松一些。

通过第一次访问，对对方的性格、兴趣及嗜好已有所了解。再次访问之前要主动积极地准备一些适合对方性格、兴趣及嗜好的话题。面谈时要尽量回避对方不喜欢或不开心的话题，使对方那先入为主的想法——“那小子一定是副垂头丧气的样子”（因上次来时吃了闭门羹），转变为“这小子看来还挺开心的”。

2. 访问过程中要具有弹性

初次访问时若毫无结果，则这次访问应改变策略，以闲谈聊天为主。销售人员一边与对方闲谈一边要细心地察言观色，这样一来可搞清楚对方讨厌、忌讳的言行及容易使对方喜欢的接触方式，并以此修正今后访问时的措辞和交际方法等。此外，弄清楚对方喜欢吃什么，下次再来时带的礼品或宴请时即可采取使对方满意的措施。

在时间方面，除非对方诚心诚意地说“咱们慢慢谈吧，不必急着回去”之外，一般来说要速战速决。不仅是再次访问，其他情况也是如此，即使事先约定的时间比较长，但看到对方很忙，就要识趣地早一点告辞。相反，若约定仅和对方见一见面即可，但对方有兴趣想多交换一下意见时，不妨多待一会儿。道理虽很简单，实际上不少销售人员还是做不到这一点。尤其是对一些不想订货的用户千万不要一去就赖着不走。

和客户接触绝不能光凭自己的热情或站在自己的立场上看问题，必须把握对方的心理，顺应对方，不要千篇一律，要具有弹性。作为一名专业销售人员必须将这一条基本规律融会贯通。

再次访问的内容不仅是推销产品，还要千方百计地“推销”自己，使客户买你的账或对你抱有好感，进而达到推销产品的目的。

如果对方推说正在接待来访者或正在开会不能接待时，你只要诚恳地对接待人员说：“下次请给我一个见面的机会，哪怕时间很短也行。”如果你诚心诚意的话，接待人员一定会将你的意思转达上去的。

经过多次访问之后可分为两种情况：一是交易成功买卖做成；二是虽有希望但总是欠缺临门一脚。虽说可以打持久战或消耗战，但费了九牛二虎之力还是攻不下时该怎么办呢？

在这种情况下不要轻易地自作主张，必须报告你的上司，大家一起研究对策。

在讨论会上，销售人员要把有关情况如实地报告，并充分且直率地提出自己的意见，如果报告得不完全往往会导致上司做出错误的判断，反而误了大事。

结果大致是下列四种情况之一：

（1）断定对方不可能订货（终止访问）。

（2）给对方优惠条件（价格及其他），继续进行交涉。

（3）上司给予帮助（一起去访问）。

（4）像往常一样继续访问，以待时机。

上述对策一旦确定下来之后，销售人员就要不折不扣地去执行。

有时销售人员尽管尽了最大的努力，但仍然摆脱不了希望落空的厄运，这是常有的事。

销售人员费了九牛二虎之力如果没有拿到一份订单的话，情绪一定很低落。如果被对方看出自己那副失魂落魄的样子会非常不利于下次拜访。不要幻想对方会同情你，你的那副尊容与其说会使对方同情倒不如说会使对方小看你，对方会因此而不想再接待你了。所以心里虽然不高兴，但表面上应故作镇静，开朗自若，千万不要哭丧着脸像别人欠你钱似的。

买卖不成友情在，道别是很重要的表达友情的手段。千万不要变脸，应保持原来的那副和蔼可亲的表情，一边收拾整理资料，一边还要再说上几句恭维对方的话，这样一来，你那不气馁的态度会给对方留下深刻的印象。

告别时恭敬地说，“在您百忙之中打扰您，真不好意思”“下次还请您多关照”之类的话，和对方握手道别。离开接待室的路上遇见其他员工时也要一边点头告别，一边说“打扰了”“再见”等客气话。

客户的拒绝使你明白，即使挖空心思地用和蔼可亲的语调与对方会谈也可能空手而回。当你走出客户的大门时，大概会痛感现实的残酷吧，不过你千万不要灰心，因为今天的失败有可能为明天的成功播下希望的种子。

情景6　我刚打发走一个你们那儿的人

情景再现

日本销售大师原一平曾经有过这样的经历。

有一天，原一平去拜访一位准客户，他敲开了客户的家门，“您好！我是明治保险公司的原一平。”

客户敷衍道：“哦。”

对方端详着名片，过了一会儿，才慢条斯理地抬头说：“几天前某保险公司的业务员曾来过，他还没讲完，我就打发他走了。我是不会投保的，你多说也是无用的，为了不浪费你的时间，我看你还是找其他人吧。”（拒绝）

“真谢谢您的关心，您听完我的介绍之后，如果不满意的话，我当场切腹。无论如何，请您拨点时间给我吧！”（幽默引导）原一平一脸正气地说。

对方听了忍不住哈哈大笑起来，说：“你真的要切腹吗？”

“不错，就这样一刀刺下去。”原一平边回答，边用手比画着。

客户说：“你等着瞧，我非要你切腹不可。”

“来啊，我也害怕切腹，看来我非要用心介绍不可啦。”

讲到这里，原一平的表情突然由“正经”变为“鬼脸”，于是，准客户和原一平一起大笑起来。当两个人同时开怀大笑时，陌生感消失了，成交的机会就可能来临。

情景分析

在特定的环境下，原一平以“死”相逼的夸张手法，制造了一个戏剧化的场面，打破了客户的拒绝，不能不说是幽默运用的杰作。由此可见，销售人员爽朗的性格和幽默的谈吐是转化客户拒绝态度的良方，如果运用得当，会起到事半功倍的效果。

成功的销售源自语言的艺术。出色的销售人员，是一个懂得如何运用语言的艺术转化客户拒绝的人。美国329家大公司参加的幽默意见的调查表明：97%的销售人员认为，幽默在销售中具有很重要的价值；60%的人甚至相信，幽默感决定销售事业成功的程度。

有一个真实的笑话：两家保险公司的销售人员在销售本公

司的保险业务时，向客户夸赞自己的服务如何周到，付款如何迅速。甲公司的销售人员说，他的保险公司是在意外发生的当天就把支票送到投保人的手中。而乙公司的销售人员也不甘示弱，于是便取笑说："那算什么啊！我们公司在一幢 40 层大厦的 23 层，有一天，我们的一位投保人从楼顶摔下来，当他在摔落的途中经过 23 层的时候，我们就已经把支票塞到他的手里了。"其结果当然是乙公司的销售人员赢得了更多的客户。

这虽然只是个笑话，却能让人感受到幽默的魅力。可见幽默是销售人员成功的金钥匙，具有很大的感染力，能迅速打开客户的拒绝之门，让客户在会心一笑之后，对你和你的产品或服务产生好感，从而诱发购买动机，促成交易迅速地达成。

技巧点拨

销售人员要具备爽朗的性格和幽默的谈吐，这将有助于你营造一个愉快的销售氛围。幽默是销售过程中转化客户拒绝的灵丹妙药。没有什么比幽默更有利于建立关系，幽默是一种接合零件，是打开客户拒绝之门的钥匙。

在销售过程中，如果出现了客户拒绝的局面，甚至陷入了僵局，这时候如果销售人员恰当地使用幽默的语言，就会给双方带来欢乐，拉近彼此的距离。高雅风趣、机智巧妙、深入浅出的幽默语言能够起到化拒绝为接受，化敌意为友好的作用。

使对方在诙谐中领悟你的意图，进而化解拒绝，出现柳暗花明又一村的境地。

情景 7　你的机器再好，我也不买

情景再现

陈厂长对总是上门推销的推销员很是反感，甚至不管不问，一律不给什么好脸色。有一次，小张正跟陈厂长推销他们公司研发的机器，谁知陈厂长什么也没问，一听推销机器，就说："你的机器再好，我也不买。"（拒绝）

这时，小张并没有生气，而是面带微笑地说："陈厂长，您别生气，您不买没有关系，但我想您不会不愿意降低成本吧？"（诱导，谈降低成本）

陈厂长一听，一下子来了兴趣，不像刚才那么不耐烦了，于是说："那你具体说说。"

小张说："陈厂长，这部机器比你目前的机器速度快，耗电少，更精确，能降低你的生产成本。"

陈厂长一听，觉得有点意思，停下手中的工作，坐下来听小张说。

小张接着又说："像您这种小型企业，能节省点成本就节省点成本，淘汰老旧机器既能节省成本又能提高工作效率，何乐而不为呢？”

陈厂长，想了想说：“小伙子，你说得对，明天来我公司一趟找我，我们详细谈购买机器的事情。”

情景分析

几乎所有的人对钱都很感兴趣，所以省钱和赚钱的方法很容易引起客户的兴趣。作为一名销售人员，帮助客户省钱就是帮助他们赚钱，也只有能为客户省钱、赚钱，自己才能赚到钱。

销售高手不向客户销售产品，而是为客户提供可以省钱的方法，为客户节省开销。对于客户来说，他关心的是自己的利益，谁能以优惠的价格为他提供优质的产品和服务，他就与谁成交。

一名销售人员如果单纯地销售产品，客户认为你的目的是推销你的产品，他们就没有兴趣与你谈下去，因为，客户从心理上排斥你。相反，如果销售人员能够为客户提供可以让他们省钱的建议，那么销售人员就会很容易得到客户的信任。双方在沟通中，气氛也就不会那么紧张了。

技巧点拨

现在的市场是买方市场，现在的消费者在消费时更多地追求精神上的满足。销售人员为客户考虑越多，为客户节省的钱越多，为客户降低的购物成本越多，或帮助客户减少购物风险，以及缓解客户的心理压力，客户与你成交的机会才会越多，也只有这样才能立于不败之地。

在做销售时，要千方百计地从客户的角度出发，帮助客户分析问题，帮助客户省钱。仅仅从自身的角度出发，一味地想赚客户的钱，是不足以维系合作伙伴关系的。销售人员必须全面了解客户的需求，只有帮助客户省钱，自己才能赚到钱，帮助客户就是帮自己。

房产中介

销售中的女人

第二章
对产品、服务存在质疑怎么处理

情景8　总是抱怨产品这不好、那不行

情景再现

一位汽车销售人员带着一位苏格兰人看过一辆又一辆的车子，但对方总是不满意。老是抱怨这不适合，那不好用，价格又太高。在这种情况下，这个商人就停止了向那位苏格兰人的推销，而让他自己去选择。（抱怨、拒绝）

几天之后，当有位顾客希望把他的旧车子换一辆新的时，这位商人就又打电话给苏格兰人，请他过来帮个忙，提供一点建议，他知道这部旧车子对苏格兰人可能很有吸引力。

苏格兰人来了之后，汽车商说："你是个很精明的买主，你懂得车子的价值。能不能请你看看这部车子，试试它的性能，然后再告诉我这辆车子别人应该出价多少才合算？"（赞美、请教）

苏格兰人的脸上泛起笑容，很高兴地把车开了一圈又转回来。“如果别人能以三百美元买下这部车子”，他建议说，“那他就买对了。”

“如果我能以这个价钱把它卖给你，你是否愿意买它？”这位商人问道。结果，事情出奇的顺利，这笔生意就这样立刻成交了。（成交）

情景分析

这位汽车销售人员就是利用请教的技巧，成功地把一辆二手汽车卖给了一位苏格兰人。

请教就相当于赞美，在推销时，去赞美客户的能力、知识等高人一等，会让对方产生一种满足感，并且往往还会据此来重新审视你向他们推销的产品，这时候他们购买的概率也就大大提高了。

真诚地请教对方往往是打开交际大门的一把钥匙，因为在某种程度上，请教就意味着赞美和承认。

通常人们都会向比自己高明的人请教，换句话说，当你向别人请教问题的时候，就相当于在心理上认同了被请教对象是一个比较高明的人物，或者是一个专业人士。

技巧点拨

销售员在请教客户时，一定要注意说话语气，充分把握交谈的主动权，促使销售洽谈得以顺利进行。一般来说，应注意以下几点：

1. 不卑不亢

销售员的说话语气要做到不卑不亢，不要让客户感觉到你是在哀求他，那种唯唯诺诺的语气只会传达消极的信息给客户，同时也不利于建立自身的专业形象。另外，也不要让客户感觉到你有盛气凌人的架势，这样说话会给客户留下极为不好的印象，潜在的交易也很可能因此而泡汤。

2. 言语要委婉

不同的措辞会给人以不同的信息，即使我们想表达同一种意思，积极的言辞与消极的言辞所传递的效果也是不同的。

“我想了解一下你们公司今年打印机的使用情况。”这句话中，哪一个词用得不太好？是“了解”。“了解”是谁在获益？当然是询问方了。而如果我们将这个词换成“咨询”或者“请教”的话，那么给客户的感觉就会好得多。

如果在你的推销用语中，讲究言语的委婉，善于运用“我”来代替“你”，尤其是在提出请求和表示反对的时候，那么就会在很大程度上有助于你推销工作的顺利进行。

例如：

直接说法：您的名字叫什么？

委婉说法：请问，我可以知道您的名字吗？

直接说法：您必须……

委婉说法：我们要为您那样做，这是我们需要的。

直接说法：您错了，不是那样的！

委婉说法：对不起，我没说清楚，但我想它运转的方式有些不同。

直接说法：如果您需要我的帮助，您必须……

委婉说法：我愿意帮助您，但首先我需要……

直接说法：您做得不正确……

委婉说法：我得到了不同的结果。让我们一起来看看到底是怎么回事。

直接说法：听着，那没有坏，所有的系统都是那样工作的。

委婉说法：那表明系统是正常工作的。让我们一起来看看到底哪儿存在问题。

直接说法：注意，您必须今天做完！

委婉说法：如果您今天能完成，我会非常感激。

直接说法：当然您会收到，但您必须把名字和地址给我。

委婉说法：当然我会立即发送给您一个，我能知道您的名字和地址吗？

直接说法：您没有弄明白，这次听好了。

委婉说法：也许我说得不够清楚，请允许我再解释一遍。

总之，在与客户沟通的过程中，销售员要时刻注意自己的语气。最好不要用那种推销色彩太浓的语气来与顾客交谈，而应该以朋友的语气和态度去与客户进行沟通。

情景 9 对产品存在疑虑

情景再现

一位女士想购买 ×× 牌美容霜，推销员拿出来给她看，以为她会买，没想到，在说了价格之后，客户脸上流露出舍不得的表情，推销员知道客户产生了顾虑。（顾虑、拒绝）

看到客户犹豫不决，正想离开的时候，推销员说道："小姐，您不知道，这种 ×× 牌美容霜含有从灵芝、银耳、鹿茸中提取的特殊生物素，具有调节和改善皮肤组织细胞代谢作用的特殊功效。它可以消除皱纹，使粗糙的皮肤变得细腻，并能保持皮肤的洁白、柔嫩，使皮肤富有弹性与光泽，从而达到美容的目的。况且，它的用量很少，一天只需使用一次，一瓶可使用半年，并且适用于各种类型的皮肤。"

那位女士听了这番细致的解释后，心里的价格障碍也就随之烟消云散了。（顾虑解除）

情景分析

一般情况下，客户在购买决定做出之前，都会详细比较产品的性能、功效、款式，并向推销员提出价格异议。

在处理价格难题时，如果客户觉得价格太高，推销员应接过对方的疑虑，多向对方介绍产品的优点、功能、效用等，此时必须强调"一分钱，一分货"，通过对产品的详细分析使客户认识到花这么多钱是值得的。

此外，推销员还可以向客户比较产品的其他优势，如免费调试安装、分期付款、随时提供上门维修服务等，因此，优势比较法是解除客户价格疑虑的重要方法。

技巧点拨

心存疑虑的客户心理是比较多疑的，可能是因为被人欺骗过。他们对任何事都抱怀疑态度，不仅仅对销售员怀疑，对商品本身以及销售员所说的话都怀疑，并且总认为别人在耍计谋，利用他，欺骗他。

这种人在家庭、工作中活得比较忧郁，有较多烦恼，并且也令别人讨厌，使别人不愿与他们相处，因此他们很少有朋友。所以他们时常有一副很痛苦的面孔，一见销售员就会把所受的一切烦恼推给销售员。

对付这类客户关键就在于消除他的疑虑，以亲切、热诚的态度对他进行推销说明，不要与他争辩，只以沉着的态度与他交谈，尽量做出与他交朋友的姿态，并且要仔细观察他，研究他的心理变化，要随着他的心理变化而改变对他说话的策略，这样成交率才可能大一些。

这类客户也可能会设计对付你，所以对他们要谨慎小心，不要落入他们的网中。

对付这类客户的方法有两种：一是对他施以强硬的态度；

二是诱饵法。第一种方法就是要对他施加些压力，如果你过于迂就迎合他，一旦一言不合，他就会拂袖而去，所以还是要施加一定压力，迫使他成交。第二种方法就是装作自己什么也不懂，是比较柔和的人，借以松懈他的防备，然后反败为胜。

情景 10　客户对产品不信任

情景再现

小王是某病毒防火墙 × 公司的销售经理，公司今年分配的销售任务大幅增加，小王感到压力非常大。去年，小王在政府行业中了几个标，今年，政府行业的单子应该问题不大，但是，要完成任务，还必须开拓新的市场。为此，小王决定开拓教育行业的市场。

不久，小王从一个代理商那里得知某知名高校准备进行网络升级和改造，病毒防火墙就是其中的一项。小王认为打入教育行业市场的机会到来了，便直接去找代理商老李。

但是，了解到具体情况后，小王才发现事情并没那么简单。老李说，这个用户对产品的质量和性能要求都十分高，而且目前已经有几家国外知名病毒防火墙厂商介入了这个单子，竞争十分激烈。小王虽然对自己公司的产品十分有信心，但是考虑到本公司产品在教育行业的市场上还没有成功的案例，在竞争中很难取得用户的信任。

在面谈的时候客户说："贵公司在教育市场上的成功案例有多少？这个产品真的很好吗？"（不信任）

小王说："有几个。但是我们的产品得到了用户的肯定。"

客户半信半疑地说："哦，这样啊，那我再考虑考虑。"（拒绝）

无论小王如何努力争取，用户方就是不信任其产品。

为了此事，小王想了很久，也没有找出说服用户的办法。正在他苦恼时，某位使用 × 公司软件的客户给小王打来电话反馈使用信息。小王见客户的反馈情况良好，便灵机一动，想出了一个办法。小王请示老总后，便将公司的软件送给 A 大学试用，并附带给了以前客户的联系方式。（免费试用）

开始，A 大学婉言谢绝试用。但是，经过一番公关和其他一些老客户的介绍后，A 大学最终同意了试用 × 公司的产品。过了不久，一些学校的电脑系统感染了震荡波病毒，而 A 大学的电脑却安然无恙。经过实践证明，× 公司的电脑软件无论是在服务还是在产品质量方面都是非常可靠的。A 大学决定一次性购买一大批 × 公司的软件，小王由此获得了一份价值不菲的大订单。（成功签单）

由于小王给 A 大学提供了优质的服务，更由于 × 公司产品的出色表现，A 大学的相关负责人不仅非常信任 × 公司，而且还在一次教育行业的信息化交流会上作为使用者向其他学校大力推荐 × 公司的产品。通过 A 大学这个“证人”的推荐，小王又获得了许多订单。（他人推荐）

情景分析

客户在购买一种新产品，或者是自己不了解的产品时，往往心存疑虑，害怕买错了产品，或者怕被销售人员骗了。此时，无论销售人员怎么介绍和解释，都很难获得他们的信任。而此时，一旦他们听说有人使用过这种产品，而且效果不错的话，他们就会改变对产品的看法，转而信任产品。尤其是看到大家抢购某种产品时，他们往往会表现出非常强烈的购买欲望，也会跟着去抢购。这是一种从众心理。在销售中，销售人员要想促成客户购买签单，利用这种从众心理促成订单，也是一种不错的选择。

“从众”是一种比较普遍的社会心理行为和现象，也就是人们常说的“人云亦云”“随大流”。大家都这么认为，我也就这么认为；大家都这么做，我也就跟着这么做。从众心理在消费过程中是十分常见的。因为人们一般都喜欢“凑热闹”，当看到别人成群结队、争先恐后购买某种商品时，也会毫不犹豫地加入其中。

在销售过程中，销售人员也可以运用客户的从众心理，促使客户下定决心购买产品，从而获得订单。一些成功的销售人员在争取客户的订单时，往往就喜欢利用这种技巧促使客户下决心签单。

技巧点拨

在购买产品时，许多人都不愿意“第一个吃螃蟹”，他们往往在看到别人购买后才会放心购买。对此，销售人员适时地向客户展示“别人已经买了”“别人已经信任了我”是促使陌生的客户信任自己，说服陌生客户购买产品，签订订单的有效技巧。在销售过程中，销售人员使用这种技巧，往往比较容易突破客户的警戒心理，最终说服客户下定决心签单。

在销售过程中，从众成交法可以减轻顾客对风险的担心，尤其是新顾客，大家都买了，我也买，可以增强顾客的信心。销售人员利用此法，往往能够较为容易地促成交易。但是，销售人员在利用客户的从众心理时，也要注意几个问题，以保证取得良好的效果。

销售人员需要注意的问题如下：

（1）所举案例必须实事求是。在销售过程中，销售人员要想引导客户的“从众”心理，所举的案例一定要真实，既不要用谎言编造曾经购买的客户，也不要夸大那些老客户的购买数量。否则，销售人员列举的案例不真实，就很可能被揭穿，永远失去成交的机会，不但不可能从客户那里获得订单，而且还会让客户产生被欺骗和愚弄的感觉。这种感觉不仅会严重影响客户对销售人员及公司的印象，而且这种不良印象还可能会被这些客户利用各种途径影响其他更多的客户。因此，销售人员必须列举实际发生的成功案例去引导和说服客户，否则就是自砸招牌。

（2）尽可能以影响大的老客户作为列举对象。客户虽然有从众心理，但是如果销售人员列举的成功例子不具有足够的说服力，那么客户通常是不会为之所动的。所以，销售人员如果想要成功利用客户的从众心理实现成交，争取到订单，那么就要尽可能选择那些影响大的、客户熟悉的、比较具有权威性的老客户作为列举对象。否则，客户的从众心理很难被激发出来。

（3）面对太有个性的客户，不要轻易使用此法。现代社会是一个崇尚个性化的社会，人们在从众的同时，也存在一种“叛逆”心理。在销售过程中，销售人员也会发现有些有个性的客户对从众不屑一顾，喜欢追求与众不同。因此，销售人员发现客户是很有个性的人时，就不要轻易使用此法，因为这样做很容易引起客户的反从众心理：别人要买是别人的事，跟我无关。

总之，从众是一种非常普遍的社会心理和行为。在销售过程中，销售人员只要善于巧妙运用，往往能够促成客户下定决心签单，并源源不断地为自己争取到订单。因此，这种技巧很值得广大销售人员学习和借鉴。

情景 11　这台复印机要比别的品牌差些

情景再现

小张刚刚应聘了销售工作，对一些事情不太懂。有一次店里来了一位客户。

客户："这台复印机的功能，好像比别的品牌要稍差些。"（质疑）

小张："这台复印机是我们最新推出的产品，它具有放大缩小的功能，有 3 个按键用来调整颜色的浓淡，每分钟能印 15 张，复印质量非常清晰……"（错误解答）

客户："每分钟印 15 张实在不快，别的品牌复印速度每分钟可达 20 张，有 6 个刻度能调整颜色的浓淡，操作起来好像也没那么困难，副本质量比你的要清楚得多了……"客户最后一走了之。（丢单）

你看，小张想处理一个拒绝，结果惹出一大堆麻烦。

这就是因为他没有设法搞清楚这个拒绝到底是怎么回事。若能设法搞清楚这个拒绝到底是怎么回事，不急着去处理客户的反对意见，那又会怎么样呢?

小张经过一段时间学习之后，知道自己错了，再有同样的客户之后，小张这样处理：

客户："这台复印机的功能，好像比别的品牌要稍差些。"

小张："请问您觉得这个功能比哪一家的复印机要差？"

（让拒绝的选项更加具体）

小张很快解决了客户的疑问，最后与客户达成交易。

情景分析

客户的回答也许只是他曾经碰到某品牌的复印机，具有 6 个刻度，能调整复印的浓淡度，因而觉得你的复印机的功能好像较差。

多问一句，你所需要处理的拒绝可能仅有一项，从而可以很容易地处理。

所以，在处理客户拒绝之前，请一定要先设法搞清楚这个拒绝到底是怎么回事。在搞清楚这个拒绝到底是怎么回事之后，你就需要抓住恰当的时机来处理客户的拒绝。

技巧点拨

美国通过对几千名销售人员的研究，发现优秀的销售人员所遇到的客户严词拒绝的机会只是差的销售人员的 1/10。这是什么原因呢?

调查发现，优秀的销售人员对客户提出的拒绝理由不仅能听懂，能给予一个比较圆满的答复，而且能选择恰当的时机进行答复。而懂得在何时处理客户拒绝的销售人员，会取得更大的成绩。

我们在谈如何抓住恰当的时机处理客户拒绝之前，先要谈谈如何弄清客户拒绝背后的真实意思。

在客户提出拒绝后，你当然要答复。但你要抑制自己说话的冲动，不要迫不及待地回答。你毕竟只有一个大脑，有时在你想要急于回答时，你会漏掉客户说的内容，那样你就可能失去一些信息，而这些信息在你的销售后期将有助于成交。这不是说让你置客户的拒绝于不顾，只是强调要有板有眼，从容不迫。不要急于答复，别打断你的买主。

情景 12　我们只用 IBM 的产品

情景再现

约翰在惠普公司担任销售代表，当时惠普才刚刚涉足信息领域。

约翰到一家公司推销，他刚表明身份，那家公司的经理就说："你不需要在这里浪费时间，我们一直以来都与 IBM 保持着良好的合作关系，而且还将继续合作下去。因为除了 IBM，我们不相信任何公司的产品。"（拒绝）

约翰："先生，我想知道，您认为 IBM 公司的产品最令您感到满意的特点有哪些？"（优点）

经理："那要说起来可就太多了，IBM 的产品质量一直都是一流的，其技术在全球也没有几家公司可比。更重要的是，

IBM 有着多年的良好信誉，它几乎就是权威的标志。”

约翰：“如果 IBM 能够做得更好，您希望他们有哪些改进？”（缺点）

经理：“我希望某些技术上的细节更加完善，我还希望产品的价格能够再降低一些。”

约翰：“先生，我要告诉您一个好消息，您的这两个愿望我们都可以满足。我们公司的技术人才同样是世界一流的，因此对于产品的技术和质量水平您都不用担心。同时，正因为我们公司的这项业务刚刚起步，所以操作起来就更加灵活，而且价格更低，我们就是想先以低价策略打开市场，赢得一些像您这样的大客户的支持。”（我们刚好不存在这样的问题）

看到自己提出的几项条件惠普基本都能满足，经理当即表示先购进一小批产品试试。

情景分析

当客户认为你的产品不够好时，提出了一大堆拒绝购买的原因，这并不意味着你的产品达不到对方的要求。不要去考虑那些拒绝的理由，你可以问问对方什么样的产品可以令其感到满意。如此就能找到一条通往成功的道路。

这位约翰先生便是一点点引导客户的。首先让客户说 IBM 产品的优点；然后再让客户说出 IBM 产品的缺点，需要在哪些方面改进；当客户一说出需要改进的地方，立即说自己所要推销的产品刚好具有这些优点；最后提出给客户一些样品试用。

光嘴上说好还不行，当约翰先生请客户试用产品时，这种让客户亲自试用的效果更佳，更容易打动客户。

技巧点拨

销售人员推销的对象是商品，但是你应该明白的是：有时候卖商品不如卖效果。

比如别墅、名车、高尔夫会员证等高档次的商品，它们往往是地位与身份的象征，所以，你应该在这个“地位与身份”上大做文章；汽车、音响、录像机、旅行、空调设备，是人们追求舒适和欢乐所必需的，所以，对这类商品，你就要不遗余力地向客户强调它们的使用效果及卖点所在；对于微波炉、复印机、全自动洗衣机、电脑等商品，你应该在功能和经济性上给对方以“利诱”；而对于钢琴、大型音响设备、昂贵的化妆品、珠宝等“奢侈品”，你便可以抓住客户的虚荣心而进行渲染。强调你的产品会产生的使用效果，有侧重地加以说明，便会恰到好处地吸引住你的客户。

国外一个著名的推销员曾说过：“如果你想勾起对方吃牛排的欲望，将牛排放在他面前固然有效。但最令他无法抗拒的是煎牛排的‘吱吱’声，他会想到牛排正躺在黑色的铁板上，吱吱作响，浑身冒油，香味四溢，不由得咽下口水。”正是这种“吱吱”的响声使人产生了联想，刺激了人的欲望。

为了使客户产生购买的欲望，有时候仅仅让客户看到商品或进行演示是不够的，同时还必须对他们加以适当地劝诱，使他们头脑中呈现出这样一幅美景——该商品拥有良好的使用效果。

同样一部车，每位买主购买的理由都不一样，但结果都是买了这部车。有的是因为车子安全设计好而购买；有的是因为驾驶起来很舒适顺手而购买；有的是因为车的外形正能代表他的风格而购买。

因此，掌握客户关心的重点，仔细地倾听客户的诉求，证明你能完全满足他，是展示说明时的关键。

无论销售哪一种产品，都要做示范。有时客户可能已经了解了你的产品，但是对你的示范不感兴趣。即使在这种情况下，你也要做示范，而且示范得越早效果就会越好，这是达成交易的一种保证。这一方法同样也适用于各种类别产品的销售。产品越复杂、技术性能要求越高，就越有必要通过示范使其具体化。如果你不充分利用已掌握的资料，或者不把这些资料的使用与你预期达到的目标有机地结合起来,那么你就会事倍功半。

如果你所销售的产品不能随身携带，可以利用模型、样品、照片和图片做示范。不要忘记带纸笔，这样你可以通过写写画画进一步向客户介绍你的产品。要把所有的数据都铭刻在心、灵活运用，并不是一件容易的事情。你应该把数据写在纸上或者让客户把数据记下来。你也可以用简单的图表，如方形和圆圈，使客户清楚地看到两组数据之间的区别。你画的图表有助于使客户产生一种形象的概念。譬如，你要说明产品的使用寿命比竞争对手的长两倍，可以画两个长方形并加以简单说明，其中一个长方形比另一个长方形大两倍。你不必担心画得不好，大胆尝试画出来的圆圈要比一个老练的绘图员画的标准圆圈更能吸引客户的注意。只要充分发挥你的聪明才智和丰富的想象力，用图表几乎可以说明你销售的所有产品，能给客户留下一种栩栩如生的感观印象。

销售员必须要记住："眼见为实，耳听为虚。"一次成功的示范等同于 20 次的语言推荐。空口说白话容易使客户产生听觉上的疲劳。为了让客户对产品进一步认可，销售员需要对产品进行完美的示范，将产品的优势淋漓尽致地表现出来。

情景 13　客户要买的冰箱颜色没有

情景再现

某公司销售人员在推销冰箱时，遇到一个客户表示需要冰箱，但是对冰箱的颜色提出了严格的要求。客户说："你们有银白色电冰箱吗？"此时，销售人员马上意识到自己所销售的冰箱中并没有这一款。但他没有直接回答，因为一旦他直接回答没有，客户就会说，没有就不买。

销售人员想了想，就反问客户说："抱歉！我们没有生产这种颜色的冰箱。不过，我们销售的冰箱有好多种可以供您挑选，有白色的，有棕色的，有粉红色的。在这几种颜色里，您比较喜欢哪一种呢？"（反问，引导）

客户说："我想要银白色的！"

销售人员说："白色的、棕色的、粉红色的，都很不错的。您选一种试试看，您就能发现它们真的很不错。"

客户说："我想要银白色的，其他颜色我并不想要。"（拒绝，不想要）

销售人员说："您选一选，试一试，您就能感觉到这些颜色的冰箱有不少是适合您的需求的。"（引导）

于是，客户就不再推托，跟着销售人员去挑选冰箱。在挑选冰箱的过程中，销售人员逐一向客户介绍了白色的冰箱、棕色的冰箱、粉红色的冰箱，并给客户讲了配合什么样的家具更显得协调合适。

在看冰箱的过程中，客户逐渐对白色冰箱产生了兴趣。销售人员趁机说服客户购买白色的冰箱，并向客户介绍冷暖色的一些简单知识。告诉他，对于冰箱来说，白色是非常合适的。因为白色是冷色，给人以清凉的感觉，使用这样的冰箱，往往容易给人一个好心情。客户听了后，觉得也挺有道理，便让销售人员帮他选择了一款白色冰箱。

情景分析

上述事例中，客户有相关需求，却没有他中意的款式和颜色。此时，要想争取客户的订单，销售人员很容易遭到拒绝。但是，该销售人员没有直接回答客户的问题，而是采用反问式的回答，慢慢引开了客户的注意力，最终引导客户购买了产品，把看起来不可能的订单给争取过来了。

在客户问到自己没有的那种型号的产品时，销售人员采用反问式回答促销是非常必要的。因为，在购买产品的过程中，消费者可能因信息不灵通，不知道该产品在市场上更新换代快，而点名要一款比较落后的款式，而这种款式刚好又没有。此时，销售人员如果说“没有”，那么就很有可能白白地丧失一笔订单。相反，销售人员采用反问式回答，说服客户购买新的、更为先进的款式，往往更容易争取到客户的订单，甚至可能给客户一个惊喜，使他自觉地成为销售人员忠实的客户。

对于销售人员来说，不管自己有没有客户需要的产品，都永远不要拒绝客户，永远不要对客户说“No”，因为客户有可能改变主意，从而购买你的产品。如果销售人员拒绝客户，对客户说“No”，那么就很有可能使这些“有可能”变成“不可能”。对于争取订单来说，这显然是不利的。因此，客户要求的某种产品没有时，销售人员不能拒绝客户，也不能怠慢客户，更不能不闻不问，而应该开启自己的智慧，想办法去争取客户，使他们“改变主意”，把订单给自己。而反问式回答是其中争取客户订单的一种非常好的办法。

技巧点拨

有针对的提问也是一种谈话的艺术，谁掌握了提问的技巧，谁就懂得买卖的艺术。推销员有针对性地提问，往往能够获得评估客户的重要信息，并且有助于计划下一次推销访问，还有助于设计一套有说服力的推销方案。

在销售过程中，当客户问到某种产品，不巧正好没货时，要想争取到客户的订单，销售人员最好采用反客为主，即反问式的回答，以此来促成订单。

一般而言，销售人员在利用这种成交技巧促成订单时，需要注意两点：

1. 态度要真诚

反问式回答成交法实际上是否定客户的意见，让客户“改变主意”转而听从销售人员的意见。此时，销售人员必须要真诚，让客户感觉到要求他改变意见是真正为他着想，而不是为了否定他，不是为了向他推销产品。否则，顾客是上帝，销售人员否定了“上帝”，要想获得订单就不可能了。

2. 要尊重客户的意见，与之耐心交流

前面说过，这种成交法实际上要求客户“改变主意”，把不可能的成交变成可能。在要求客户“改变主意”时，销售人员一定要注意尊重客户的意见，与客户交流，耐心说服，不能强行要求客户。否则，不仅无法达到成交的目的，还有可能给销售人员及其公司带来负面影响。

反问式回答成交法是销售人员在无法满足客户要求的情况下，通过适当巧妙的反问，引导客户改变主意，最终促使客户下决心签单购买产品的一种技巧。在销售过程中，销售人员如果能够灵活运用，则可能争取到一些看起来不可能的订单。因此，要想获得更多订单，销售人员了解和掌握这一种技巧，是大有裨益的。

情景 14 再到别家看看

情景再现

某客户需要一台笔记本电脑，以便生意上的沟通能够更方便、更快捷。他跟推销员通了电话，听了介绍后，他说想到其他的地方再问问。

在这种情况下，你就应该设法让客户说出他反对的真正理由。你可以试试以下这种办法。

推销员："您知道吗，先生？跟您一模一样，很多客户在购买我们的笔记本电脑之前，想再到别的商家比较比较。我肯定您也一样想以手头现有的钱买到最好的笔记本电脑以及最好的售后服务，对吗？"

客户："那当然是肯定的啦。"

推销员："您可不可以告诉我，您想看些什么或者比较些什么呢？"

客户："……"（这时他说的第一句和第二句话应该都是反对的真正理由——除非他只是想把你摆脱开。）

推销员："在您跟别的商家做完这些方面（一个个说出来）的比较之后，如果发现我们的最好，我想您一定会回来跟我购买的，对吗，先生？"（好了，这会儿是让客户说出打算的时候了。）

情景分析

当推销员刚刚向准客户形象地展示完产品，并把产品的每项优点都解释清楚之后，准客户却说出："我想到别家再看看""我们不会马上决定""让我想一想"等诸如此类的话。这实在是很令人气馁的事。不过这些都不是真正拒绝的理由。在面对这种情况时，优秀的推销员会利用各种技巧，转变客户的看法，当场完成推销。

技巧点拨

那么当客户说出："嗯，这份计划看起来相当不错，但我要到别家看看。"这时，你应该如何应付呢？

第一种：

俗话说的好，"做事要趁热打铁"，做推销也是一样的道理。

假如客户说“我再到别家看看”这样的话，推销员应该在此反对意见刚刚萌生之际，就立即想办法进行化解。这时你可以这样处理：

“实在对不起。”

“有什么对不起的呀？”

“请原谅我不大会讲话，一定是我的介绍使您有不明了的地方，不然您不至于说‘让我再到别家看看了’。可不可以把您所顾虑的事情跟我说一说，让我知道一下好吗？”

这样，既显得认真、诚恳，又可以把话头接下去。

第二种：

推销员也可以直接跟客户这样说：“您先不要这么想，您先看看这个样品，看看再说吧。本产品的特别之处就是……”

这也是为了进一步激发客户的购买欲，一步一步引导客户购买。可能客户已经从相关资料的介绍中抓住了一些关键疑点，正是这些疑点使客户下不了决心。这时推销员就应该站在客户的角度，从他的利益出发，同客户一道来考虑消除疑虑和解决问题的办法。

比如说，推销员可以用暗示性的方法跟客户讲：“这是一个很重要的问题，我们一道来研究好不好？”

或说：“的确，正如您所看到的，这就是最重要的地方，而这也恰恰是我要向您推荐的这个产品的独特之处。以前使用的减肥食品都需要配合节食，使人难以忍受，但这种营养素却能够在您实行健美计划的同时，随心所欲地食用，而且不会产生副作用……”

此外，还可以说：“对不起，我知道您很忙，可是我没办法每天都来呀。我想您所担心的也许是交付问题吧！若不妨碍您的话，我们还是再仔细谈一谈吧！”

情景 15　你们这发动机烫手

爱力逊是一个卖发动机的，在他负责推销的区域内，住着一位有钱的大企业家。他们公司很想卖给他一批货物，过去有一位推销员花了近 10 年的时间，却始终没有谈成这笔交易。他接管这一地区后，花了 3 年时间去兜揽他的生意，同样也没有得到什么结果。

经过 13 年来不断的访问和会谈后，对方才只买了几台发动机，可是爱力逊希望如果这次买卖能够做成，而且对方此前所购买的发动机没有毛病的话，以后对方还能够买他几百台发动机。

在他去回访客户之前，他在心里想：发动机会不会发生故障？我知道这些发动机是不会有任何故障的。过了些时候，他去拜访客户。他原来心里很高兴，可是他似乎是高兴得太早了点儿，那位负责的工程师见到他就说：“爱力逊，我们不能再

多买你的发动机了。”（拒绝）

爱力逊心头一震，就问：“什么原因？难道我们的发动机有什么问题吗？”

那位工程师说：“你卖给我们的发动机太热，热得我的手都不能放在上面。”（说原因）

很显然，他是在找借口，就是不想买爱力逊的发动机。只要有一点常识的人都知道：任何运行中的发动机都会发热的，要将手放在正在运行的发动机上根本就是不可能的。

爱力逊知道如果跟他争辩，是不会有任何好处的，得想办法不断让对方说“是”。

于是，爱力逊向那位工程师说：“史密斯先生，你所说的我完全同意，如果那发动机温度过高，我希望你就别买了。你当然不希望所需要的发动机的热度超出电工协会所定的标准，是不是？”工程师完全同意，爱力逊获得他第一个“是”字。

爱力逊又说：“电工协会规定，一台标准的发动机可以较室内温度高出22℃，是不是？”

工程师说：“是的，可是你的发动机却比这温度高。”

爱力逊没和他争辩，只问：“工厂温度是多少？”

工程师想了想，说：“大约24℃。”

爱力逊说：“这就是了。工厂温度24℃，再加上应有的24℃，一共是46℃。如果你把手放到46℃的物体上，是不是会把手烫伤？”（导出烫手的原因）

工程师还是说："是"。

爱力逊向他提了这样一个建议，说："史密斯先生，你别用手碰那台发动机，那不就行了！"

工程师接受了这个建议，说："我想你说得对。"

他们谈了一阵后，工程师把秘书叫来，为下个月订了差不多三万美元的货物。（再次下单）

情景分析

爱力逊费了多年的时间，损失了数万美元的买卖，最后知道了争辩并不是一个聪明的办法。充分了解对方的想法，设法让对方回答"是，是"，才是一套成功的说服办法。

在对客户进行说服时，最怕对方一开口就说"不"，因为这是一个最不容易克服的障碍。

每个人都有自己的观点和立场，人们从潜意识里就不愿意被别人说服。当一个人发现有人试图说服他时，他的第一个反应就是表示反对，好像只有对别人说"不"才能显示自己的存在，才能突出自己的地位和重要性。

当一个人说出"不"字后，为了自己的人格尊严，他就不得不坚持到底。事后，他或许觉得自己说出这个"不"字是错误的，可是，他必须考虑到自己的尊严。他所说的每句话，他都必须坚持到底，所以让人在一开始的时候就往肯定的方向上走是非常重要的。

要想成功地说服客户，在刚开始的时候，就要想办法得到很多“是”的回答，唯有如此才能将听者的心理往正面的方向引导。

技巧点拨

使用让对方说“是”的方法，有两点要特别引起我们注意。

（1）一定要创造出对方说“是”的气氛，要千方百计避免对方说“不”的气氛。因此，提出的问题应精心考虑，不可信口开河。例如，一名销售人员与客户之间发生了这样一场对话：

“今天还是和昨天一样热，是吗？”

“是的！”

“最近通货膨胀，治安混乱，是吗？”

“是的！”

“现在这么不景气，真叫人不知如何是好！”

这一类问题虽然很正常，不论销售人员如何说，对方都会回答“是的”，好像已经创造出肯定的气氛，可是注意他说话的内容，却制造出一种让人无心购买的否定的悲观气氛。也就是说，客户在听到他的询问后，会变得心情沉闷，当然什么东西也不想购买了。

（2）要使对方回答“是”，提问题的方式是非常重要的。什么样的发问方式比较容易得到肯定的回答呢？最好的方式应是：暗示你所想要得到的答案。

在推销商品时，不应问客户喜不喜欢，想不想买。因为你问他“你想不想买”“喜不喜欢”时，他可能回答“不”。因此，应该问：“你一定很喜欢，是吧？”当你发问而对方还没有回答之前，自己也要先点头，你一边问一边点头，可诱使对方做出肯定回答。

让对方说“是”最有效的方法是把要说的话说对。戴尔·卡耐基曾经说过，人是不可能被说服的，天下只有一种方法可以让任何人去做任何事，那就是让他自己想去做这件事。而让他自己想去做这件事，唯一的方法是让他认为你说的是对的，认为他是在遵循对的规律才这样做。

让对方说“是”意味着双方的交流是“启示式”或“询问式”的。事实上“启示式”或“询问式”的交流比普通的交流更有效。因为大多数人对事物的认知都是有限的，尽管他们认为自己并不比别人差，但他们确实需要更多的启示。

对产品质量质疑

第三章
嫌价格贵时该怎么处理

情景 16　你这把椅子比那把椅子贵太多

情景再现

有一位客户到家具店购买一把办公椅子，推销员带客户看了一圈。

客户："那把椅子价钱怎么算？"（询问）

推销员："600 元。"

客户："这一把为什么比较贵，隔壁有一把和这个看起来差不多，只要 250 元。而且从我们外行看来觉得这一把应该更便宜才对！因为那一把确实比较漂亮。"（询问）

推销员："这一把进货的成本就快要 600 元了，只赚您 50 元。"（仔细倾听）

客户："为什么这把椅子要卖 600 元？"（质疑）

推销员："先生，请您坐下来亲身体验一下。"（亲自体验）

客户依着他的话，坐了一下，感觉比 250 元的那款稍微硬一些，坐起来还蛮舒服的。

推销员看客户试坐完椅子后，接着告诉客户：

“250 元的那把椅子坐起来较软，您觉得很舒服，而 600 元的椅子您坐起来却觉得不是那么软，这是因为椅子内的弹簧数是不一样的。我们这款椅子由于弹簧数较多，绝对不会因变形而影响到坐姿。不良的坐姿会让人的脊椎骨侧弯，很多人腰痛就是由长期的不良坐姿而引起的。而且就这把椅子来说，光是弹簧的成本就要多出将近 100 元。同时这把椅子旋转的支架是纯钢的，它比一般非纯钢的椅子寿命要长一倍，不会因为过重的体重或长期的旋转而磨损、松脱，这一部分坏了，椅子也就报废了。因此，这把椅子的平均使用年限要比那把多一倍。”（解答）

“另外，这把椅子虽然看起来不如那把那么豪华，但它完全是依人体工程科学来设计的，坐起来虽然不是软绵绵的，却能让您坐很长的时间都不会感到疲倦。一把好的椅子对成年累月坐在椅子上办公的人来说，实在是非常重要。这把椅子虽然不是那么显眼，却是一把精心设计的椅子。那把 250 元的椅子很好看，但是质量就差了一点。”（进一步解答）

客户在听了这位推销员的说明后，心里想：还好只贵 350 元，但是为了保护我的脊椎，就是贵 800 元我也会购买这把较贵的椅子。

情景分析

这位销售员懂得先倾听客户，然后再根据客户的疑虑回答问题，这让销售事半功倍。要想有效地倾听，销售员必须先学会倾听的艺术。倾听有两个要求，首先要给对方留出讲话的时间，其次要“听话听音”。如对方首先讲话，你不可打断对方，应做好准备，以便利用恰当的时机给对方以响应，鼓励对方讲下去。

技巧点拨

多听客户的需求，多想客户的需求，把话说到点子上。倾听的艺术主要有以下几个方面的体现：

1. 表示出兴趣

应带着理解和相互尊重进行倾听。

2. 以共鸣的态度倾听

要像一块共鸣板，让说话者觉得你是以共鸣者的姿态出现的，这样可以迅速获得客户的信任。

3. 全神贯注

通过非语言行为，如眼神接触、动人的语调、某种友好的脸部表情等，建立一种积极的氛围，这样会使客户感到受重视并觉得你值得信赖。

4. 表现得已经充分理解

反馈你认为客户当时正在考虑的内容，总结对方的内容，使对方确认你已完全理解了他所说的话。

5. 使用简单的口语

使用简单的口语，如“噢”“嗯”“我明白”“的确是”或者“说得很对”等，来认同客户的陈述。通过说“我对你所说的很感兴趣”“说来听听”或者“我想听听你的想法”等，来鼓励客户谈论更多内容。

6. 避免先入为主

以个人态度投入一个问题时往往会导致产生愤怒和受伤的情感，或者使你过早地下结论，这样不仅显得武断，有时也会让客户觉得你不够成熟，从而产生不信任感。

7. 不可随意插话或接话

要等客户充分说完，以表示尊重。

8. 重点问题要做笔记

这样可以使自己不漏掉一些重要的信息。

9. 分析与评估

要对不完整或模糊的信息进行分析与评估，从中发现重要的销售线索。

10. 观察购买信息

仔细分析客户的言语，以获得其购买信息。

情景17　你这辆自行车贵啊

情景再现

一位顾客想买自行车，因为价格的原因，在两种自行车之间犹豫不决，不知道买哪个，他自己有点倾向于价格低的。（犹豫不决）

这时，推销员走了过来。说："几年前，我和我6岁的儿子去买了一辆自行车。我们到甲车行，对每辆64.95美元的标价吃了一惊。在当时，这是相当大的数目，向来节俭的父母，不会为一个6岁的孩童花这么多钱买辆自行车。我们转而走向乙车行，花了34.95美元买了一辆廉价自行车。

"大约6个星期后，我们回到那家店里买了一对新把手，花去4.50美元。60天以后，我们又回到那家店买了一个链条，大约花掉了15美元。又过了几个星期，我们再一次来到该店，因为轴承损坏了，我又付出了5～6美元。到这时，我才肯定这辆车无可救药了。于是我们又到甲车行花了64.95美元买了一辆新的。

"现在让我们来做个分析：

"从价格上看，乙车行的自行车单价是34.95美元，而甲车行的自行车是64.95美元。再看代价，一辆廉价自行车的代价是34.95+4.5+15+5，合计是59.45美元。这辆车骑了6个月，每月代价为大约近10美元。

“甲车行自行车单价为64.95美元，骑了10年，每年代价为6.50美元。而它至今仍然是一辆好车子，只是外观旧了一些。

“好了，先生，事情很清楚，便宜的自行车价格要低，而代价却高得多。因此，我想再问你，你关心的是价格，还是代价呢？价格是一次性的，代价则是你取得这个产品后要一直关心的问题。如果你关心的是代价，你还有什么理由不立即坐享最低代价的益处呢？

“先生，本公司尽一切能力使产品尽善尽美，绝不使用廉价原料、廉价劳动，制造凑合能用的产品，大家（肯定包括您在内）清楚地知道：好货不贱，贱货不好。您肯定要使用寿命长、高质量的产品，不是吗？”

情景分析

我们相信，顾客听了以上一席话，肯定会毫不犹豫地选择购买贵一点的车子，值得提醒的是：推销员用自己的亲身经历来做例子，显然更具有说服力。

在说服中运用一定的语言诱导是很重要的，但是，运用语言诱导的时候，必须强调话语的适当性，确保使用的语言能够达到一定的说服效果。如果语言运用不恰当，有可能会带来完全相反的效果。

技巧点拨

在说服的过程中，应该正确地使用诱导语言，以使说服取得理想的效果。同时，语言诱导切不可滥用，一定要恰到好处。

1. 要有目的性地进行语言诱导

在进行语言暗示的时候，必须要有一个明确的目的，要有一个所要实现的目标作为指引，不能任意地去说服，而必须让说服过程中所有的语言指向要完成的心愿。例如，你要说服客户购买你的产品进行减肥，在设计以减肥为目的的暗示语时，必须围绕着减肥进行。你可以暗示客户说："想象一下，使用了这个产品后，你身材越来越苗条了，你再也不用担心那些热量很高的食物了，你会达到你想要的体重的……"

要想实现暗示的特有效果，必须让设计的说服语言指向一个专有的目的，不可没有目的或是目的不够单一地去进行说服活动。

2. 语气一定要带有诱惑性

同样的语言在一流的推销员口中会带给人强大的暗示和指引，而让普通人说来则会显得毫无价值，这就是在说话的过程中，使用一定技巧的重要性。推销员的目的在于引导客户进入说服过程，并且可以毫无防备地接受推销员所施加给他的各种语言暗示，因此如何让这些有价值的引导语言完全进入人的意识中，就需要一定的专业经验的积累。

如果在说服中依然使用和平常一样的腔调，甚至依然采用命令性的语气，可能会丧失客户的信任和好感。语气要轻柔且让人感觉到像是一种来自遥远地方的引导指令，会让人们在毫无防备的情景下自然地接受这些指令。

3. 诱导用词要具有适当性

从诱导进入说服的过程中，要注意运用合适的时间词，要让这些代表时间的词或短语引起人们的注意，可以起到较强的效果。如：“在决定拥有这件产品之前，你真的想感受一下它的功效吗？”这句话让人将注意力转移到是否要感受产品功效，而且还假设他会试用这件产品。“在你完成这项计划前，我想和你讨论点东西。”这句话假设了你将会完成这项计划。这些合适的时间副词会让人产生不一样的理解力，恰当地运用带有假设含义的语言，如：“你打算多快做这个决定？”暗示了你一定会做出决定。“你准备什么时候开始更进一步的合作？”暗示了你已经处在合作状态，同时你还要继续合作下去。

对于一些带有否定色彩的词语，在运用的时候也要根据实际情况酌情使用，如“在你没有做好充分准备前，不要轻易购买”，其实暗示了你一定会购买，同时暗示你要去做充分的准备。这种恰如其分的暗示，会让客户对销售员更信任。

说服语言的运用不是简单地把话说出来就完事了，需要有一定的技巧，以使简单的语言收到更加有效的效果。也许，在我们试图说服客户的时候，说了一大堆的好话都没起作用，而一句一针见血、抓住要害的简单话语则可能收获难以预想的效果，这就在于合适的话语可以带给人们不一般的体验，引起人们心灵上的共鸣。

总之，利用语言诱导对客户进行暗示和说服，必须在实践中融会贯通，灵活运用。只有把握住分寸和尺度，才能产生你想要的效果。

情景 18　书买来也不读，资质差再用功也没用

情景再现

一个客户跟推销员这样说："我家小孩根本不爱念书，买了也没用！"（拒绝）

推销员可以这样说："可是，做妈妈的都放弃的话，还有谁来关心孩子的作业呢？……那盆茉莉开得真漂亮，是您种的吧？"

客户："是啊！"

推销员："每天都要浇水吧！您对一盆花都那么爱惜关心，为何会对孩子的事不管呢？孩子也跟花一样，花需要浇水施肥才会开得漂亮，否则很快就枯死了。同样的，孩子也需要有人细心呵护，不断给予养分，如果因为孩子不爱念书就不买书给他，那孩子只会更不想念书，您说是吗？"（借花来说教育孩子）

客户又说："资质差再用功也没有用！"（拒绝）

推销员："太太，您戴的金戒指款式真别致，黄金这种东西原本是以颗粒状藏在污黑的石头中。相信您一定也听说过，必须先将石头打碎，将其中的金砂、金粒取出，再加以淬炼才能成为纯金。人脑中也藏有无数的金砂、金粒，就看是否有人愿意赐予一臂之力，加以淬炼成金，相信您一定希望自己的孩子成龙成凤，您愿意帮助他吗？"（进一步说服）

经过这样一番较量，这位推销员成功说服了这位太太。

情景分析

经过研究调查，客户拒绝分为两种：一种是真实的拒绝，另一种是虚假的拒绝。

真实的拒绝是客户不愿意购买的真正原因，比如：推销员所介绍的产品的确不符合他们的需求，他们并不需要这些产品，或者他们确实没有支付能力等。

但虚假的拒绝一般是客户对推销员介绍的产品有需求，但是出于价格、信心等原因而没有下定决心购买。

当客户提出真实拒绝的时候，就意味着你提出的产品能够给客户带去的利益还不够充分，或者客户根本不感兴趣。这个时候，你首先要做的是加强对产品知识的掌握，多了解产品能为客户带来的利益，并积极洞察客户的消费心理。如果客户仍然不感兴趣或确实无力支付，你还是要与他保持联系，以维持你们长期和谐的关系。

当然，因为客户有权利以最优惠的价格获得最好的质量和最佳的服务，为了保证他们这种权利的唯一方法就是对推销提出质疑，他们采取的方式往往是对产品或服务的一个或几个推销特色表示异议或提出疑问。即使发现这笔交易总体上是可以接受的,买主们也总是会提出一些这样那样的疑问来核实买卖。所以，如果客户提出虚假的拒绝，提出一些疑问，则表明他们对产品是有兴趣的，客户越是对产品有疑问越能代表他关注产品，推销员大可不必害怕异议。

技巧点拨

当有人告诉你他不想买这种产品的原因时，实际上他是在表达一种意愿，希望知道他应该买的理由。你应该欢迎这种类型的人提出异议，因为他们就是你的潜在客户，是真正看重问题的人。

如果你遇到这样的客户，你就要分析其真实原因，并采取相应的应对方法。通常虚假的拒绝一般会包括以下四种理由，下边我们逐一进行分析：

1. 价格理由

十本书分开放和叠在一起，哪个看起来多？当然分开放感觉上多，这是人的视觉印象。三个问题转化为一个问题，哪种想起来烦？当然是三个。三个问题心理上压力大，这是人的心理错觉。当客户说：

“我觉得保险不好。”

“理赔不干脆。”

“我没钱。”

问题不少，让推销员一头雾水，而客户本身也自以为：“这么多问题存在，我不买保险是有道理的。”

有经验的推销员就会指出：

“其实，这些问题都不是关键，而是钱的问题。您想吃饭，没钱就不吃吗？您想买房子，钱不够就不买吗？不是的，关键在于您是不是觉得这东西对您很重要？如果重要，您就会设法筹钱，对不对？”

之后，你可以通过将你的产品及其所要求的投资放置在一个比购买或不购买更广泛的内容中来处理。比如可以谈论回报、投资、节省等事情，从而使这笔合同成为一个大画面的一部分，同时要强调其相对低廉的成本，让你的潜在客户去推论。因为事情往往是这样子的：潜在客户得出自己的结论，比你不得不为他们指出的结论要好上两倍。

推销员还可以在讲价格的时候，采取“化整为零法”，即在对客户讲解时，将付款总额拆散为较小的份额，这样就可以化解客户心里的价格压力。

2. 隐藏理由

给出的理由不是真正的理由，而只是一个借口，如：“我太太一般都喜欢用 ×× 牌清洁用品。”

遇到这种情况，你可以用开放式的问题来发问，如：“您太太觉得 ×× 牌清洁用品都有哪些好处呢？”你可以进一步与客户探讨他的需求，以及产品的价值，说明你销售的产品既能满足他的需求，又物有所值。

3. 拖延理由

潜在客户想推迟购买，如：“产品还不错，等我方便的时候再联系你吧！”

如果客户用拖延的理由来拒绝你，你就不要再步步紧逼、死缠滥打了。但是，你还是要像朋友一样地与之保持联系。因为客户现在不买，不等于以后都不向你购买，保留了与客户的关系就等于保留了今后向客户销售的机会。

4. 信心理由

客户可能会说，“我想比较一下。”“我想同我的会计商量一下。”“让我想一想。”

这些是信心理由，话中代表的深层含义是：好的，我动心了，我想要一个，但我需要确信一下我买的是否是最合适的、最好的，我要再考虑一下，还有些担心，还需要更多的说服工作，还需要给我更多有关产品的信息。

客户不愿意购买的绝大多数理由是信心理由，即客户对你的承诺或对产品本身都没有信心，或对你的讲解表示怀疑，或不喜欢你的仪容仪表、言谈举止和行为方式等。

当客户对你的承诺以及对产品本身都缺乏信心的时候，你首先应该向客户说明你所服务的公司信誉良好，购买该公司的产品会有购物保障。

注意，在和客户讲解产品的时候要注意态度诚恳、实事求是，不夸大产品的功效，以取得客户的信赖。此外，还要注意建立自己的专业形象，尊重客户的选择，不要把客户不需要的产品强加给对方，这样才能取得客户对你的信任和好感，让客户在无形中接受产品。

成功的推销员在推销过程中，很少会听到客户的异议，因为他们早已经在推销前就预见到了客户可能存在的疑问。所以，他们能在和客户交流的过程中，主动把种种客户的疑问解释掉、化解掉，并始终保持积极的心态，应对各种障碍，顺利实现目标。

推销员在工作中要注意识别对方是真实的拒绝还是虚假的拒绝，不放过任何一次虚假的拒绝，坚持不懈，化解客户疑问，成功推销。

情景19　按原来产品的价格卖给我

情景再现

一位销售人员在向某经销商推销该公司的新一代产品时，由于该经销商是公司的老客户，对其产品性能都比较了解，就

没有提别的要求，仅仅要求销售人员将新一代的产品按照原来产品的价格卖给他。（讲价）

对于这一点，销售人员感到很为难，因为毕竟是新一代产品，科技含量要高一些，按照原来产品的价格批发给他，公司的利润显然要下降很多。对此，销售人员不敢盲目答应经销商的要求，就发信息咨询了公司的主管经理。

主管经理表示："量大的话可以考虑，量太小了就不能答应。"

销售人员得到主管的回复后，就对经销商说："您也知道，我们的产品是换了代的，科技成分较高，成本要高一些。价格当然应该高一点。您现在要求按照原来的价格进货，确实让我们感到非常为难……"（婉言拒绝）

经销商说："现在市场不景气，东西都不好卖。我们是长期合作关系，所以我才敢放心进你们公司的货。如果新产品要提高价格，那让我们怎么卖呢？这样吧，我也给你透一个底，要么按照原价，我们进一点货，要么暂时不进货，等市场好转了以后再说……"（进一步说服）

销售人员说："我们之间的合作也不是头一次。我们开发的新产品按照报价批发给您就已经够低的了。这样吧，看在我们是长期合作关系的份上，我们各自都让一步，好不好？我亏本将新产品按原来的价格卖给您。您呢，一次多进一点货，将原来的 200 吨货物加到 300 吨……"（诱导大量购买）

客户听了后说："现在市场不景气，我们进200吨货就已经够多了，进300吨……"（回绝）

销售人员说："是啊，现在市场不景气，我们产品的利润已经非常低了……现在，新产品按照原来产品的价格批发给您，几乎是赔本的买卖，而您多进一点货虽然风险大一点，但是进货的价格低，利润空间大啊！这一个优惠条件是我努力向上司争取来的。在我们公司您是第一个享受这种优惠的人……"（进一步说服）

经销商衡量了一下利弊，觉得销售人员退让了一步，自己退让一步也不会有太大的风险。虽然进货过多，但是新一代产品的零售价肯定比原来的要高一点，这样利润空间也就变大了很多。

于是，客户还是决定与销售人员签单了。

情景分析

很显然，这份合同是双赢的合同。对于销售人员及其公司来说，价格虽然降低了，但是销售量提上去了，能够达到"薄利多销"的效果。而对于客户方的经销商来说，用原来产品的价格进新一代产品的货，利润空间显然变大了，收益自然也相当可观。

在销售过程中，销售人员和客户很容易在某些方面产生分歧。有时，为了各自的利益甚至互不相让，致使销售进入"对立的局面"。此时，销售人员首先要考虑尽量在不降价的情况下说服客户签单，如果无法达到目的，那么就可以采取主动退让一步，然后对成交要求做出进一步修改，要求客户“也让一步”的措施，以此缓解“对立的局面”，促使客户下决心签下订单。

在销售过程中，许多客户不断地为自己争取更多的利益，这并不一定是他们实际上要想得到什么而这样做的，而是他们内心“不愿意吃亏”的思想驱使他们这样干的。在交易双方为成交的一些条件争论得难分难解时，他们如果有真实的购买需求，也希望能够在不吃亏的情况下妥善解决争议，因为毕竟拖下去也要消耗他们的购买成本。

此时，销售人员不妨先退一步，让客户感觉“他赢了”，然后对成交条件做相应的调整，变相地要求客户也“退一步”，往往能达到求同存异、促成订单的目的。

技巧点拨

嘴上功夫了得的人未必是真正的赢家，退让三分的人未必是输了。在生活中，有句话叫作“退一步海阔天空”。其实，在销售过程中，销售人员在关键的时候“艰难”地退一步，答应客户提出的条件，同时也要求客户退一步，就往往能够使“濒临死亡”的交易起死回生。因为销售毕竟是一场交易，而不是一场决定胜负的比赛。销售人员先退一步，让客户感受到赢，感受到销售人员的诚意，然后销售人员再要求客户“退一点”表示成交的诚意，往往能够使一场决输赢的较量变成双赢。

在销售过程中，退一步成交法是有效解决成交障碍，使交易起死回生的常用技巧之一。在使用这种技巧促成订单时，还是需要注意以下几个方面的问题，能更有利于成交。

1. 别轻易让步

在销售过程中，销售人员要想让客户更满意，在谈判时不能轻易让步。销售人员一旦轻易让步，就会让客户觉得有争取更多优惠的空间，并不断地提出新要求。

2. 要求客户让步的部分应该略比销售人员让步的那部分小

在销售过程中，销售人员采用退一步成交法实际上是自己“先退一步”，掌握主动权，再要求客户“退一步”的做法。此时，销售人员要求客户“让步的那一部分”非常重要，往往决定着交易能否达成。如果销售人员要求客户“让步的那一部分”过大或者触及了他们的核心利益，那么往往容易遭到客户的拒绝，从而把交易逼进死胡同；相反，如果要求客户“让步的那一部分”过小，那么相应地，销售人员及其公司的利益损失就会变大。因此，要求客户让步的部分应该略比销售人员让步的那部分小，这样，既可以促成订单，又不至于为自己或公司造成太大的损失。

3. 让步是痛苦的

对于销售人员来说，在关键时刻让一步，虽然能够带来较大的利益，但是在客户面前还是要表现出“让步是非常痛苦的”“让步是迫不得已的”。只有这样，销售人员要求客户“也让一步”的要求才有可能实现，才有可能达到促成订单的目的。否则，盲目的让步不仅无法促成订单，而且还会导致自身的利益受损。

4. 让步时态度要诚恳

销售人员让步的主要目的是向客户直接表明自己对成交的一片诚意，希望客户也能以让步的行为来表明自己的诚意。而客户此时是被动的，如果他们此时能以让步的行为来表明诚意，那么签单就是水到渠成的事情。相反，如果他们没有以让步的行为来表明他们的诚意，那么他们将肩负成交失败的道义责任。一般来说，只要成交对他们是有利的，他们是不愿意背负这种道义上的责任的。

总而言之，“退一步海阔天空”，销售人员恰当地使用让步技巧，积极争取主动，向客户表达成交的诚意，基本上可以不损害自身利益，却可能使陷入困境的促销洽谈“转危为安”，何乐而不为呢？

情景 20　一次又一次地还价

情景再现

推销人员约翰逊向一个客户推销一批小商品。刚开始时，他给客户的报价是每个 3.60 元，客户讨价还价为 3.50 元。这

样反反复复地谈了很长时间，最后约翰逊表示："3.55元，不能再低了。"（讨价还价）

然而客户却想：从3.60元降到3.55元，要是我继续坚持，压到3.52元应该没问题。于是，他就对约翰逊说："不用说你也知道，现在市场竞争这么激烈，和你同类型的商品到处都是，你们的生意也不容易做，我也不能贪得无厌。这样吧，每个3.52元，你让一步我也让一步，咱俩就别再消磨时间了。有这时间和功夫你都可以再去做成好几家生意了。怎么样？我可是真心实意的，就看你的诚意了。"（进一步还价）

约翰逊心里想：我要是答应了他的这个报价，很有可能又会引来下一轮的讨价还价，谁敢保证他不是在试探我呢？

毕竟约翰逊经历过的交易非常多了，所以他并没有立刻答应客户的报价，而是对客户说："你的这个报价，我现在不能马上答应你，得去问一问我们经理，和他商量一下，才能决定。"说完他就走进了后面的经理办公室。（避开）

很快，约翰逊就回来了，脸上露出了一副很为难的表情："非常对不起！刚才我犯了一个错误，经理告诉我，这种商品由于采用了最新工艺，所以成本要比其他同类型的商品高，我刚才说的3.55元那是采用新工艺之前的价格，如今的单价最低也要3.65元了。实在很抱歉，你看由于我的疏忽，犯了这么大的过错！"（婉言拒绝）

"你说什么呢？你也别道歉了，浪费了我这么长时间，你必须给我个交代呀。我不懂什么新工艺旧工艺，总之就按你刚才说的价钱，每个3.60元，我也不跟你多说了，以后咱们合作的机会还多着呢。这样吧，一手交钱，一手交货！”客户脸上挂满了不悦。（成交）

考虑了一会儿，约翰逊才假装很犯难地答应了客户的要求。客户则自以为跟约翰逊打了一场漂亮的“攻坚战”。于是，客户交了货款提了货之后，约翰逊便不动声色地离开了。

情景分析

其实，事实的真相是：这批小商品采用了新工艺没错，但这指的是商品的生产成本降低了，商品的合格率提高了，跟商品的性能没有多大的关系，跟商品的价格更没有任何关系。

在这次交易中，销售人员约翰逊采用的就是收回承诺策略。约翰逊的“收回承诺”，致使客户以为自己是这场交易中的赢家，事实上，约翰逊才是这场交易的最后胜利者。

实际上，在交易中不让客户感觉他吃了亏，反而让客户感觉自己占了便宜，这才是一名推销高手的杰出表现。而收回承诺策略，则能让你很好地收到如此效果。

收回承诺策略的目的就是造成客户的一种紧迫感，觉得应该快点把东西购买下来，否则就会吃亏。在销售中，推销高手会经常用到一些本质上属于收回承诺策略的推销手法，如“故意冷淡”和“虚张声势”等。

技巧点拨

和客户过招的过程，就是虚实相结合的过程。

人性有一个弱点，就是得不到的都觉得是最好的，很容易得到的却不怎么懂得珍惜。在推销上，卓越的销售人员就很善于利用人性的这个弱点来做文章，比如收回承诺策略利用的就是这个人性的弱点。

收回承诺是指原本答应了客户以某个价格出售产品，但是过了一会儿就反悔，然后把价格提升上去的行为。使用收回承诺来和客户打交道的技巧，就是“收回承诺策略”。

高明的销售人员都懂得收回承诺的策略，这种策略往往可以使用在对价格非常敏感的客户身上。有些客户对砍价的行为一再地坚持，他所表现出来的坚决，连销售人员都会甘拜下风。然而，收回承诺策略能使客户最后不但接受销售人员涨价之后的价格，而且还感觉自己占了便宜。

情景 21　很喜欢，就是太贵了

情景再现

一个 40 岁左右的中年人带着自己的母亲到建材超市里买瓷砖，两个人在展厅里一边走一边看，这时候儿子接了一个电话。老太太就一个人在那里看砖，当老太太走到一款“水晶芙蓉”产品面前时停住，销售员走上去说：“大妈，您非常喜欢这一款，是吗？”

大妈：“是的，就是太贵了。”（嫌贵，拒绝）

销售员：“大妈，我想您和我妈一样，一辈子全为儿女了，没用过自己舒心的东西。自己喜欢的东西买回家，自己天天看着就舒服，这人一舒服，也就能多活十几年。您儿子还真孝顺，他买砖还把您带上一块来，不就想让您老人家拿主意，买您老人家看着舒服的东西吗？我看您儿子现在也不缺这几个钱。”（通过儿子孝顺说服）

这时候，老太太的儿子打完电话走过来。

销售员：“这位大哥，您妈妈非常喜欢这一款，您看？”

中年人看了看那款砖，又看了看老太太，老太太眼中没有反对的眼神，接着看了看砖的标价牌。

中年人：“贵了点。”（嫌贵）

老太太似乎不悦，但没说什么话。（场面似乎有点尴尬）

销售员：“大哥，我们到那边坐一下怎么样？”

（销售员和那位中年人走到休闲区坐了下来，另外一个销售员倒了一杯水，递给老太太）

销售员：“大哥，我觉得买这一款可以。老太太看上一件东西不容易，老太太既然看上了，铺到家里她就看着舒服，老人心里舒服，一家人心里都舒服，老人要心里不舒服，一家人都会跟着难受。老太太心里舒服就少生病，老人健康，我们做

儿女的就少担心，少担心就能集中精力做我们自己的事情。”（进一步说服）

中年人看了一眼还在原地看产品的老太太。

中年人：“……好吧。”

销售员走到前台，拿过来一张合同。（签单）

销售员：“大哥，您贵姓？”

中年人：“免贵姓李。”

销售员：“您看我什么时候可以送货？”

中年人：“今天下午两点半以后吧！”

情景分析

在这个情景中，销售员没有对中年顾客进行太多的价格上的劝购，而是紧紧抓住老人的消费需求，结果顺利达成交易。从推销员的销售中，我们可以看到他紧紧抓住了两个要点：

（1）“老人心里舒服，全家人都舒服”。作为一个家庭的支柱，顾家是一个有责任感的男人对“家”的一种最基本的追求，也是一个人追求事业的前提。

（2）“老人舒服就会少生病，老人少生病，做儿女的就少担心”。这句话的潜台词是：老人不舒服的原因就是没买“老人想要的产品”。虽然这样的推理以偏概全，但是要知道，顾客在购买时总是具有有限理性的。导购如果巧妙地利用这种有限理性，将对导购起到事半功倍的效果。

技巧点拨

对于销售员来说，成功销售的必要前提就是准确把握顾客最真实最迫切的需求，然后集中全力攻击这一点，如果只是在一般的价格质量等问题上纠缠，就等于是在外围进行无关痛痒的攻击，销售效果自然不佳。

大减价

橱窗里的衣服标价

第四章
不认可产品前景时该怎么处理

情景 22　我的储蓄明年才能到期

情景再现

乔治是汽车保险推销员，有一次，乔治去访问一家五金店的老板，目的是销售保险业务。听完乔治的自我介绍后，两人进行了如下的对话：

“保险是很好的，只要我的储蓄期满即可投保，20 万元、30 万元是没有问题的。”其实，老板是决心未定，准备溜之大吉，他只是应付销售员。

“您的储蓄什么时候到期？”（采取迂回战术，顺藤摸瓜，紧紧抓住老板的话不放松。）

“明年 2 月。”还有差不多 1 年的时间，乔治心想，这是真的吗？

“虽然说好像还有好几个月，那也是一眨眼的工夫，很快

就会到期的，我相信，到时您一定会投保的。”乔治给五金店老板先吃定心丸。（继续诱导）

“既然明年 2 月才能投保，我们不妨现在就开始准备，反正光阴似箭，很快就会过去了。”乔治说完，就拿出投保申请书来，一边读着客户的名片，一边把客户的大名、地址一一填入。客户虽然想制止，但乔治不停笔，还说：“反正是明年的事，现在写写又何妨？”

“您的身份证可借我抄一下号码吗？反正是早晚都得办的事。”乔治不给对方说话的机会。

“保险金您喜欢按月缴呢，还是喜欢按季度缴？”乔治利用选择法问。（二选一的选择）

“按月缴比较好。”乔治在申请书上填好。

“那么受益人该怎样填写呢？除了您本人外，要指定公子，还是太太？”乔治利用选择法追着问五金店老板。（选择性成交）

“妻子。”

乔治又试探性地问道：“您方才好像讲到 30 万？”乔治做出填写的样子，但这时千万要注意，没等对方明确答复时，绝不能想当然地填写，那样就要弄巧成拙了。

“不，不，不，不能那么多，8 万就行了。”五金店老板说。

“以您的财力，本可投保 40 万……现在只照您的意思，8 万……”

“20 万好了。”五金店老板说。

“3 个月后我们派人到府上收第二季度的保险金。”

“喔！那不是今天就要交第一次的吗？”五金店老板说。

“是的。”

于是客户也不说明年投保的事了，当即交了保险金，乔治开好收据，互道再见。

情景分析

乔治终于把一件没影的生意谈成了。他使用的就是半推半就的选择成交法，一步步地把客户由明年拉回到今天成交。选择成交法的要点就是使客户回避要还是不要的问题。

技巧点拨

选择成交法，有时也叫作“以二择一”法，是销售员在假定客户一定会买的基础上为客户提供两种购买选择方案，并要求客户选择一种的成交方法，即先假定成交，后选择成交。

选择成交法的具体方法是，在问题中提出两种选择（例如规格大小、色泽、数量、送货日期、收款方法等）让客户任意选择。当销售员观察到客户有购买意向的时候，应立即抓住时机，用选择法与客户对话，如“这套衣服您是要白色的呢，还是黑色的？”还有“我们礼拜二发货还是礼拜三？”“付款你看是通过网银，还是支付宝？”这都是选择成交法。选择成交法适用的前提是：客户不是在买与不买之间做出选择，而是在产品属性方面做出选择，诸如产品价格、规格、性能、服务要求、订货数量及送货方式、时间、地点等都可作为选择成交的提示内容。这种方法表面上是把成交主动权让给了客户，而实际只是把成交的选择权交给了客户，无论其怎样选择都能成交，并能充分调动客户决策的积极性，较快地促成交易。

使用选择成交法，首先要看准客户的成交信号，针对客户的购买动机和意向找准推销要点，并把选择的范围局限在成交的范围内。

运用选择成交法的注意事项：销售员所提供的选择事项应让客户从中做出一种肯定的回答，而不要给客户拒绝的机会。向客户提出选择时，尽量避免向客户提出太多的方案，最好的方案就是两项，最多不要超过三项，多了会使客户举棋不定，拖延时间，降低成交几率。此外，销售员要当好参谋，协助决策，否则就不能够达到尽快成交的目的。

选择成交法的优点是可以减轻客户的心理压力，制造良好的成交气氛。从表面上看来，选择成交法似乎把成交的主动权交给了客户，而事实上就是让客户在一定的范围内进行选择，可以有效地促成交易，同时避免了客户说“不”等否定词，影响沟通与交流，因为只要“不”字一说出口，就比较难以改变成“好”。

方法是技巧，方法是捷径，但使用方法的人必须做到熟能生巧。这就要求销售员在日常推销过程中有意识地利用这些方法，进行现场操练，达到“条件反射”的效果。当客户产生疑义时，销售员应做到大脑不需要思考，应对方法就脱口而出。到那时，在客户的心中才真正是“除了成交，别无选择”！

情景 23　那家公司已经两年没有赢利了

情景再现

保罗是一名股票经纪人，他正试图推销 A42 公司的 5 000 股股票，而他的潜在客户吉姆刚好是他的邻居兼好朋友。一开始，吉姆就对保罗提出了反对意见，他说他只会对那些赢利的公司进行投资。（反对，拒绝）

“A42 公司的股票今年下跌了 5 个百分点呢。”吉姆说。

“是的。”保罗赶紧回答说，“不过，他们的股票不会再贬值了。我们的股市分析家估计明年会上升 8 个百分点。”

“我不相信，除非我亲眼看到。那家公司已经有两年多没有赢利了，我不想买那家公司的股票。”吉姆又说。（拒绝）

推销员观察了一下，在脑子里想吉姆的异议到底是什么呢？原来，他的一个外甥也在推销股票，他准备让他的外甥做自己的经纪人。吉姆一味推托说明了他不知道如何去拒绝邻居而不致伤面子。可想而知，即使保罗使出浑身解数，也是

不可能说服吉姆的，因为他说的一切都和吉姆的真正意图毫不相干。（真正原因）

也许辨别客户异议的最好办法就是当你提供确凿答案的时候留心观察对方的反应。一般说来，他们要是无动于衷的话，那就表明他们没有告诉你真正的异议。

情景分析

客户在面对销售人员的推销时，总是会提出这样或那样的质疑，客户提出异议是因为他们想知道这件产品为什么值得购买，而这正是他们在微妙地传达对产品的兴趣。但是，很多销售人员却没有足够的耐心与勇气，一遇到客户的质疑就泄了气，放弃了努力，转而到别处开始另一次推销。

其实，当客户真正对产品产生兴趣，而又拿不定主意买还是不买时，他们就会提出相应的异议，而这些异议正是他们将要购买的一种信号。如果对此处理得当的话，那么随后的成交就很有希望。

例如，客户已经有一套相应的软件系统，如果再买下你的那套软件，他就需要多付一笔费用，所以他很可能会说："也许我应该继续使用现有的软件，这样就可以节约一笔开支。"但他的实际意思很可能是想证实买下你的软件能不能给他带来好处。如果对方只是说："我还是用我现有的好了。"那就说明他根本就没把你说的话听进去。除非你能做些试探，套出他的真正意图，不然成交的希望很可能微乎其微。

技巧点拨

实际上，有些反对意见的背后潜藏着客户渴望了解更多信息的真实意图。下面就详细分析一下这些情况。

异议：我不觉得这价钱代表着“一分钱一分货”。

真实意图：除非你能证明你的产品是物有所值。

异议：这尺寸看起来对我不大合适。

真实意图：除非你能证明我穿上大小、长短正合身。

异议：我从未听说过你的公司。

真实意图：我愿意买你的货，但我想知道你的公司是否有信誉，是否值得信赖。

异议：我正在减少开支，所以我不想买任何新产品。

真实意图：除非你能使我确信你的产品真是我需要的东西，不然我是不会掏钱购买的。

如果你找不出客户提出异议的真正用意，那你就会错过很多本来有可能成交的生意。

另外需要注意的是，当客户对你提出一系列毫不相干的异议时，他们很可能是在掩饰那些真正困扰他们的原因。如果你懂得“要是不想购买的话，没有人会提出如此之多的真正异议”，那么你就可以提一些问题，以便揭示出客户内心的真实意图。

情景24　只怕没用两天就坏了

情景再现

某办公用品销售人员到某公司的办公室去推销碎纸机。

该办公室主任在听完产品介绍后，摆弄着样机，自言自语地说："东西倒是挺合适，只是办公室这些年轻人毛手毛脚的，只怕没用两天就坏了。"

销售人员一听，马上接着说："这样好了，明天我把货运来的时候，顺便把碎纸机的使用方法和注意事项给大家讲讲。这是我的名片。如果使用中出现故障，请随时与我联系，我们负责维修。主任，如果没有其他问题，我们就这么定了？"

办公室主任听了这话，觉得有道理，便与销售人员签订了订单，让销售人员尽快把产品送到公司来。

情景分析

在该事例中，销售人员巧妙地使用了避重就轻的交易技巧。本来客户方最担心的是购买该产品后"这些年轻人毛手毛脚的，只怕没用两天就坏了"，销售人员却巧妙地回避了这一点，把话题的重点转移到了"把碎纸机的使用方法和注意事项给大家讲讲……如果使用中出现故障，请随时与我联系，我们负责维修"。就这样，销售人员不知不觉地消除了客户的顾虑，促使客户下决心购买了产品。

技巧点拨

在销售过程中，销售人员促成客户签单有一种技巧叫作避重就轻成交法，也叫作小点成交法。

避重就轻成交法就是围绕主要焦点，在周边问题上与客户取得一致的意见，或者在核心交易的谈判陷入僵局时，在次要的交易上与顾客达成协议，达到循序渐进地影响和引导客户最终完成交易的目的。一般而言，在销售过程中遇到了阻力或者困难时，销售人员采用这种方法可以逐步突破阻力或者困难，促使客户下定决心签单。

在销售过程中，一些有促成订单经验的销售人员，在核心交易额太大或者买卖双方意见分歧较大时，往往就从配件、小批量交易或者交易的较次要因素，如款式、付款方式、维修等方面与客户达成一致。一旦客户与销售人员达成了一致意见，就往往容易做出签单购买的决定。

在促成订单的诸多技巧中，避重就轻成交法是一种有效地突破销售障碍，排除销售过程中一切不利因素，最终获得订单的技巧。在销售过程中，遇到许多销售“死结”时，只要巧妙地使用这种技巧，就可以出现柳暗花明的局面。

当然，对于销售人员来说，要想运用好此技巧促成订单，还需要了解避重就轻成交法的适用情境。

一般而言，在以下几种情境中比较适合采用避重就轻成交法促成订单：

（1）当交易的数量或者数额较大时。在销售过程中，交易数额越大，客户越容易形成交易心理障碍。此时，销售人员采用此种技巧，往往可以帮助客户减轻心理压力，促使他们下决心签单成交。

（2）当买卖双方的意见分歧较大或者在对主要交易要素存在不同的看法时。此时，销售人员采用此技巧，可以避免出现争论，为成交创造良好的氛围。

（3）当交易过程复杂时。比如，涉及的人员和部门较多，或者交易的时间长，可以先从小的方面达成一致，然后再争取达成大的协议。面对这样的交易，销售人员不要企图一步到位，而是需要一点一点地向成交靠拢。在这样的情境下，销售人员采取避重就轻成交法促成订单，往往能够使复杂的交易过程逐渐简单化。

（4）当客户无法立即就所有的交易要素做出决定时。销售人员采取避重就轻法，往往能够促使客户下决心签单购买。

（5）当大宗或者核心交易完成的希望渺茫时。销售人员采用此法，不至于使交易完全落空，至少可以获得一小笔订单。

（6）当交易的要素很多时。如大型设备、大宗货物，对货品、型号、款式、价格、批量、交货、付款、售后服务、技术支持、配件和动力、维修等各个交易要素均要达成一致，往往比较困难，此时采用避重就轻成交法，逐步做好基础工作和必要的铺垫，往往能使签单水到渠成。

当然，销售人员要想利用避重就轻法促成订单时，还需要注意一些问题，只有这样，才能收到较好的效果。

（1）不能忘记根本目的是最终达成交易。

（2）避重就轻成交法也是一种心理学方法，销售人员要研究客户的心理。

（3）避重就轻法本身可以作为一种取巧性策略，即“无形中牵着客户的鼻子走”，但要注意避免弄巧成拙，把客户看成傻瓜是非常愚昧的。

（4）要做良好的设计，包括回答下面的一些问题：如何围绕主题来设计成交？如何避重就轻？该“避”哪些？该“就”哪些，等等。

（5）不要东扯南山西扯海。销售人员避重就轻，但是“就轻”的“轻”也应该是客户关心的、有关交易的要素，漫无边际地瞎扯很容易招致客户反感。

（6）注意在交易过程中对客户施加影响和积极引导。

（7）避重就轻成交法是一种突破障碍，先达成一系列的小交易，然后再达成大交易的方法。因此在此过程中可能会遇到交流、信息反馈、异议处理等问题，销售人员要妥善处理这些问题。

情景 25　习惯性拒绝，对前景不乐观

情景再现

矢田一郎可以说是懂得如何改变客户的高手。他带着专供残疾人使用的安全便器到东京各商店去推销。

他不厌其烦地向商店的业务主管人员介绍安全便器的性能及其使用价值："残疾人由于生理障碍，大小便时很困难，这个安全便器就是专为他们设计的，其销售前景颇为广阔。"

可是商店的业务主管们都采取观望的态度。因为他们不知道这种安全便器究竟是否有销路，而且在橱窗里陈列便器，很不雅观，所以最终他们婉言谢绝了矢田一郎。（观望，对前景不乐观）

这使矢田一郎陷入了困境。他推销这种安全便器的想法是因为他的儿子。他唯一的儿子是个残疾儿童，每次大小便都需要他去帮助，搞得他满头大汗，也使儿子感到很痛苦，长此下去，总不是办法。

于是他就专心研制一种专供残疾人使用的安全便器。经过两年的研制，终于取得了成功。他想，社会上的残疾人不少，在生活上存在诸多不便，造成了本人及家庭的许多困难。如果将这种安全便器推广出去，不仅可以减少残疾人的困难，还可以使自己获得可观的利润。于是他为安全便器申请了专利，并投入了全部的财产来生产安全便器，谁知一上马就碰了壁。

当他走投无路时，他的一位知心朋友为他出了一个点子。当时，日本已盛行通过电话进行订货的业务。几天之后，东京好些百货商店都接到这样的订货电话：“请问，贵店有专供残疾人使用的安全便器吗？”（有询问的）

“很抱歉，本店没有这种货物供应，请到别的商店去问。”

别的商店也接到了同样的电话，也同样无法供应。由于接到这种订货的电话很多，引起了商店的重视，员工就将这个情况反映到所属的百货公司里去。（引起重视）

百货公司很重视这个“信息”，他们想迅速进货来满足商店营业的需要，终于他们记起了曾有个叫矢田一郎的人来推销过这种商品，当时被他们一口回绝了，现在看来是失策的。于是，他们就主动寻访矢田一郎，从他那里进了大批的安全便器，使矢田一郎积压的产品一下子销售出去，获得了相当可观的利润。

情景分析

事实上，所有的订货电话，都是矢田一郎通过他的朋友打出的。而安全便器上市后，购买者很多，因为它确实给残疾人带来了方便。

从矢田一郎的经历可以看出，客户是愿意改变的，只要你的产品带来的价值大于他改变所付出的代价。一件商品对顾客来讲，不同的顾客有不同的需求，商品也具有不同的价值。作为推销人员，要根据顾客的心理和商品的价值进行推销，必要时，还要通过打动顾客，使其改变之前的选择。这也正是锻炼推销人员能力的时刻，是销售工作最富挑战性的一面。

销售人员要想识别客户真正的意图，瓦解客户的拒绝，就要真正了解客户拒绝的原因。

技巧点拨

拒绝只是客户的习惯性的反射动作，除非他听了介绍就买——很可惜这样的情况非常罕见。一般来说，当客户不购买的时候，他们会找理由，往往不会把真正的原因说出来，所以必须学会发掘客户拒绝你的真正原因，冷静地判断客户真正的状况，不被客户误导到一些非真实的理由上，把时间、精力浪费在不可能有结果的异议处理上，进而促成生意成交。通常，客户产生拒绝有以下几种情况：

1. 客户没有兴趣

人总是对自己感兴趣的问题兴致勃勃，事实也证明，人们在对自己感兴趣的话题上更容易与对方深入交谈，也更乐于投入更多的时间和精力。所以，销售人员如果没能引起客户的注意及兴趣，销售就往往会遭到客户拒绝。

在销售中，销售人员不仅要知道怎样吸引客户的兴趣，还要知道怎样去满足客户的兴趣，并一直引导着客户往前走，这样才能提升销售业绩。

2. 客户不愿改变

大多数的客户对改变都会产生抵抗，而销售人员的工作具有带给客户改变的含意。例如，从目前使用的 A 品牌转成 B 品牌、从目前的收入中拿出一部分购买未来的保障等，都是要让你的客户改变目前的状况。有些客户在接受你的产品之前，喜欢凭过去的经验、体会来评价产品的优劣。他们凭着养成的固定消费习惯，不易受外界因素的干扰，也不为产品的某一特点所动，很难轻易改变。这时就需要你能打动他们的心，他们一旦对你的产品形成购买动机，同样也不会轻易改变，或迟或早总会导致购买行动的产生。

3. 客户的需要得不到满足

客户的需要不能充分被满足，因而无法认同你提供的产品。销售人员需要明白一个道理：客户只选择他们想要的东西，其他的东西即使是物美价廉，如果他们用不着，那对他们就没有实际意义。

销售人员要想真正识别出客户的意图，就必须先站在客户的立场，了解对方的想法和需要，找出问题的突破口，才能对症下药，实现自己的销售目标。

无论如何，客户都有“想要”的渴求，需求目标是客户产生购买行为的主要源泉。所以，销售人员要关注客户的需要，而不是自己的需要。

4. 客户情绪处于低潮

客户的情绪蕴藏着商机，是激发客户购买行为的力量，销售人员准确把握、引导客户的情绪让客户从感情上产生需求，与客户建立良好而稳定的感情联系，将有利于营销与服务的开展。但是当客户情绪正处于低潮时，根本没有心情进行商谈，此时就很容易产生拒绝。

有的时候，客户对外界事物、人物反应异常敏感，且耿耿于怀；他们可能情绪不稳定，易激动。当客户情绪变化时，通常在对话中通过一些字、词表现出来，如“太”差了、“怎么”可能、“非常”不好等，这些字眼都表现了客户的潜意识导向，表明了他们的情绪状态，我们在倾听时要格外注意。这时对待客户一定要有耐心，不能急躁，同时要记住言语谨慎，一定要避免引起客户的反感。如果你能在销售过程中把握住对方的情绪变动，顺其自然，并且能在合适的时间提出自己的观点，那么成功就会属于你。

5. 客户隐藏想法

客户抱有隐藏想法的心态时，会提出各式各样的拒绝借口。

（1）资金紧张。许多客户资金紧张，预算已经花完，但手头可能还留有一笔备用资金，在特殊情况下是可以动用的。如果对方确实已经把预算花完了，你的产品宣传必须极具吸引力，这样才可能说服对方动用储备资金。

（2）没有时间。如果他们的日程表实在已经排满，要他们改变的可能性就微乎其微。在这种情况下，加深对方对自己的印象是十分重要的。一般情况下，寄一封附有产品说明书的信较为适宜。

6. 对原产品供应商比较满意

如果客户同其产品供应商合作得比较成功，他就会继续同这位产品供应商合作，而不会轻易把目光转向他人。

如果你想同原产品供应商竞争，与这位客户建立起业务关系，工作将会有一定难度，进行一般性的产品宣传是很难吸引对方的。你必须着重宣传你的产品及经营手法的优点，比如利润高、提供免费广告宣传、支付全部或部分产品的特别推广费用、不好卖可以退货等。除了技巧性的因素外，你战胜客户原产品供应商的唯一办法就是比对手努力两倍。

7. 客户对销售人员不满

销售人员在面对客户时，一定要注意自己的一言一行。比如：销售人员在说明产品时，不要使用过于高深的专门知识，因为那会让客户觉得自己可能不会使用，而产生拒绝心理；销售人员不能为了说服客户，以不实的说辞哄骗客户；销售人员不要说得太多或听得太少，因为那将无法准确把握住客户的问题点，而产生许多的拒绝因素；销售人员不要处处说服客户，否则会让客户感觉不愉快，而提出许多主观的想法。

作为销售人员一定要记住：你对客户的态度会决定客户对

你的态度，在和客户沟通的过程中，一定要有诚信意识，对客户的诚信是销售人员最基本的素质。销售事业是销售人员与客户沟通谈判的过程，通过与客户的沟通取得信任，进而订购产品甚至帮助销售人员推销产品。

情景26 把网络监测数据交给你们不知可行不

情景再现

从智咨询公司是一家网络顾问公司，可以通过数据监测，为各大企业提供准确的销售状况、公司形象统计评估。黄娜就是公司的一个资深销售代表。前不久，黄娜得知：某知名汽车生产商要寻找一家合作的网络顾问公司，这件事由行政部经理卢恒负责此事。于是，黄娜马上约了卢恒面谈。

见面后，卢恒不无歉意地说："你好！抱歉，咱们约好了今天，可是，我刚接到总部通知，下午4点要开会，所以恐怕我只有不到一小时的时间。"（客户缩短会谈时间）

黄娜："噢，这样。可见贵公司在中国的发展是多么迅速和紧迫呀。"

卢恒："是的，我现在负责确定一家顾问公司，需要每周向我们公司提交网络监测报告。"

黄娜："我知道你们公司是以高质量著称，对各部门、各

项事务的要求都很严格，我能否问您一个问题呢？在之前，公司是否曾经和其他的顾问公司合作过呢？”（提问、了解）

卢恒：“我们初期曾经和国内一家大型网络公司的检测部合作过。但是我们觉得对方业务量太大，我们有些特别要求对方无法满足，因此想重新找一家，但如果没有合适的，我们将维持用原来的那家公司。”

黄娜：“您说的情况我了解，我在这个行业做了好几年了，也和其他的一些知名企业打过交道，熟悉了大企业的监测模式和一般性战略。”（巧妙引出和知名企业合作的案例）

卢恒：“看样子，你是行家。能给我说说你们曾经给那些知名企业提供的是什么样的服务吗？”

黄娜：“我们几乎和各大汽车生产商都打过交道，尤其是那些名牌企业，他们对报告的要求几乎达到了吹毛求疵的地步，好在我们经得起考验。”

卢恒：“具体怎么讲？”

黄娜：“我们给A公司（某知名汽车生产商）展示我们的监测报告时，其实他们同时找了5家顾问公司，用了3个星期的时间分别考察了这5家顾问公司，最后，我们都没有想到，第一年的合约都给了我们。”

卢恒：“最后为什么选择了你们？”（有兴趣）

黄娜：“在5家顾问公司中，我们是唯一将周报、日报准确定位的；我们是唯一注意把握了公司负面新闻的删除数量的；而且，我们监测人员都在各大企业学习深造过，对行业状况非常熟悉；我们对售后服务的承诺是让他们最满意的。基于这四点，A 公司就将合同给了我们。”

卢恒对黄娜的话表现出了极大兴趣，准备就价格问题和她详谈。这时，黄娜提醒他，开会的时间到了。卢恒约她明天再谈，第二天双方很快就敲定了合同，顺利签约。

情景分析

黄娜的确是一个出色的销售顾问，她非常熟练地使用了成功客户引证的销售技巧。我们注意到销售中，黄娜没有按照客户的思路走，而是扭转了一个思路反过来提问。在谈话中，她非常巧妙地将和知名企业的合作案例拿了出来，很快赢得了对方的信任和好感。因为人们往往会有这样的想法：像 A 公司那样的大企业都肯跟他们合作，看来他们真的很不错！

技巧点拨

在销售中，使用第三方证明可以强化销售，这也是对借刀杀人之计的巧妙应用。第三方证明可以采取多种形式。讲故事或许是最普通的一种，写推荐信则是另外一种，列举顾客或客户名单是可以采用的第三种方式。

这一技巧的妙处在于，一般的客户对于销售员的印象总是不那么好，对于推销这种售卖方式也多持怀疑的态度，但是如果你非常成功地引用了第三者的评价来游说客户，那么客户一定会感到一种安全感，他本人也会消除对你的戒心，相信你给他做的商品介绍,因此他便会认为购买你的商品要放心得多了。

假如你为一家公司推销一种新式化妆品，而这家公司已经在电视上做过广告片，那么你的推销一定要从广告开始。

当你敲开一家的大门，你应该对出来开门的女主人说："这就是电视里天天出现的那种最新样式的化妆品，您一看就会认出来的。"然后你立刻将样品递过去，她便不会有意识地来怀疑你了。如果你认为她并不是一个喜欢标新立异的人，你就可以接着告诉她："我刚才已经推销了几十瓶，大家都是看了电视里的广告介绍，而且它也的确不错。"这样，她购买的希望就更大了。因为你一直都在"请"电视和其他的购买者来为你说话，她"自然"不会产生什么怀疑，相反会感到安全而乐于购买你的商品。

1. 潜在顾客不会对推荐信无动于衷

在商业历史的早期，推销商们发现他人的证明，例如"我试了一下，非常喜欢""太棒了，简直是实用的典范"等使用体验具有强大的说服力。最开始时，销售人员使用口头证明，引用一位用户的话来宣传产品。

但是对于一些销售员来说，倘若持有用户的推荐信，效果会更好。一流的销售员总是带着一本推荐信做成的小册子。你给人看的次数越多，效果就越好。此外，小册子里的推荐信种类越多，效果也越好。

任何一封来自你的潜在顾客认识或听说过的一个人的推荐信，或是潜在顾客了解或听说过的某个公司写的推荐信，对促使成交都非常有用。一位成功的商人发现，含有来自满意用户推荐意见的销售函或者电子邮件能获得积极的回应。如果推荐信来自与读者同一座城市的居民，效果将会更好！

一位芝加哥的工业销售经理曾经让他的推销员带上散乱放置的推荐信。成交时，推销员拿出一封推荐信，递给潜在顾客，让他看一看。他只要一放下，推销员就再递给他另一封，然后递给他第三封。不一会儿，推荐信在潜在顾客的桌子上就堆成了山。推销员只要简要说明一下自己的产品，交易就会顺利达成。

事实证明信越多越好。没有一个潜在顾客会见到桌子上堆满了满意顾客写的推荐信而无动于衷，不做好成交的准备。

2. 利用有号召力的顾客名单来促成交易

生活中，我们会碰到这样的情况，在购买一种较为贵重的商品时，销售员的手边会有一本已购买顾客联系薄，上面有许多买主的名字。事实上，买主名单也是有效的第三方证明，销售人员应该更经常地加以运用。汇编一份著名顾客的名单，对促使成交也十分有益。用第三方证明策略来启动这一功能，将顾客朝正确的方向引导。

3. 名人见证

客户会比较喜欢使用名人用过的产品，这会产生一种很好的说服效果。它可以提高产品的信任度，让人感觉，名人都用这种产品，质量自然错不了。这也是为什么现在的广告大都是用名人做见证的原因。

4. 媒体见证

比如报纸、杂志、电视等媒体的相关报道。这种方式的证明也会对消费者产生较好的说服效果。

5. 权威见证

某某产品是谁研究出来的，比如某某专家、某某科研机构等。

6. 有关照片、剪报等相关资料

有些销售人员会把各种与产品有关的见证、照片、剪报等收集在活页夹里，以便随时拿出来作为证据。“耳听为虚，眼见为实”，这些能够让客户看到的资料和证明，都会对客户产生很好的说服效果，增加客户对产品的信任度。

情景 27　我回家想想再说

情景再现

杰克是一名汽车销售人员，他在卖汽车的时候，当跟客户介绍完汽车的时候，客户总是在犹豫，拿不定主意。甚至有的客户还说：“我回家想想，等想好再告诉你。”

面对客户的犹豫不定，杰克总是和客户这样说："先生，这种引擎的敞篷车在本地是绝不会超过10辆的，而且，厂里面已经不再生产了，错过了这次机会的话，以后想买，恐怕也买不到了。"

每每说这样的话时，客户就会很动心了。即便是客户回家，但往往考虑后还是会买下的。

情景分析

实际上，杰克是巧妙地运用短缺原理来促使客户尽快做出决定。销售员完全可以利用客户拿不定主意时跟客户说：

"这种厨具就剩下2套了，而另一套您肯定是不会选择的，因为它的颜色是大红色很不适合您，所以我觉得这套厨具非您莫属。"

"您也许应该考虑一下多买一些，最近这种商品很畅销的，工厂已经积压了一大堆订单，我不敢跟您保证下次再来的时候还会有货。"

这样的说辞无疑是十分有效的，客户在其影响下，为了使自己不至于因为买不到而后悔，总是会果断地做出选择，先将自己喜欢的商品占为己有，这样才能够安心。这就是杰克的成功之处。

数量有限的信息确实会对消费者的购买决策产生影响。因此，如果销售人员能够将这种策略合理地应用到销售过程中，则会有效地促进销售。当销售人员发现客户对某种商品很感兴趣的时候，如果能够对其进行巧妙的引导，在说明商品质量可靠、价格实惠的同时，不妨再加上这样一个善意的提醒："这款商品刚刚卖出去一套，这恐怕是我们这里的最后一套了，机不可失，如果错过了，就需要等到下个月再来了。"客户听到这种话，往往会在害怕买不到的心理作用下，迅速地做出决定，先买回家再说，不能让别人抢了先。因为拥有它的机会变少了，而其对顾客的重要性就相对提高了。

数量有限的信息确实会对消费者的购买决策产生影响。

从心理学的角度看，短缺因素对商品的价值会起到很大的影响。人们总是害怕失去或得不到，对稀罕物品有着本能的占有欲，而在消费购物方面，越是稀少的东西，人们就越想买到它。在现实生活中，销售人员可以使用"数量有限"的策略，当销售人员告诉客户某种商品供应比较紧张，不能保证一直有货的情况下，就会促使客户及早地采取购买行动。

技巧点拨

在销售过程中，销售人员也应从中得到一些启发。为了争取到更多更有分量的订单，销售人员适当地制造一些让客户"买不到"的氛围，给客户制造一些"购买产品的最后机会"，往往更有利于争取到订单。例如，在销售过程中，销售人员可对客户说："这种产品只剩最后一个了，短期内不再进货，你不买就没有了。”或说：“今天是优惠价的截止日，请把握良机，明天你就买不到这种折扣价的产品了。”一些有购买意向的、尚在犹豫的客户听到此话时，往往会下决心购买，并迅速签单。

机不可失，时不再来。在销售领域中，这种利用“怕买不到”的心理促成订单的方法叫作最后机会成交法。这种销售技巧是通过缩小选择的时空来促成订单的。上面提到的几个事例，都是这种成交技巧的巧妙应用，销售人员可以从中得到不少启示。

不过，销售人员利用客户“怕买不到”的心理，制造“成交的最后机会”时，需要注意以下三个问题，否则就很难起到促成订单的效果。

1. 要让客户确实感觉到这是最后的机会

要想争取到订单，不管推销的产品是否是绝无仅有的，销售人员都应该让客户切实感觉到这是最后的购买机会。只有这样，才能促使客户尽快做出购买决定，迅速签单。

2. 要把握准客户的心理

如果客户本身对产品的兴趣并不大，采用这种技巧来促成订单显然是无效的，因为即使真的是最后的机会，买和不买对他的影响都不会太大。因此，销售人员只有确定客户对产品有浓厚兴趣、志在必得时，才能够运用这种最后机会成交法。

3. 不要用语言恐吓客户

有些销售人员在使用最后机会成交法促成订单时，往往喜欢使用一些语言恐吓客户，例如“再不购买就没了……”等话。这类话，销售人员不是不能说，而是要少说，因为说多了容易让客户感到厌烦，从而产生抵触情绪。因此，在使用最后机会成交法时，销售人员不要用语言恐吓客户，而要明确告诉客户购买该产品的机会不多就行了。

在销售过程中，最后机会成交法是一种奇妙的技巧。销售人员只要抓住了机会，巧妙地营造卖方市场的氛围，让客户感觉到“购买产品是最后的机会”，就会容易引导客户迅速签订订单。在销售过程中，销售人员一定要仔细体会最后机会成交法，从中找到争取订单的秘诀。

在洽谈业务

中 篇

电商、微电商销售拒绝处理

第一章
买家对商品疑虑怎么处理

情景 28 怀疑质量不好

情景再现

买家：这款手表（手表链接）是瑞士生产的？

客服叮叮：绝对正牌瑞士名表，全自动机械，具有防水功能，皮带设计，简约不简单，尽显高端大气。现在这款表正在做活动哦，原价 2 000 元，现在只需 1 588 元。

买家：我看红色皮带的那款是原价，这款特价，不会是质量有问题吧？

客服叮叮：亲，以前也有一些老顾客有过类似顾虑，他们也提过类似的问题。不过，我可以负责任地告诉您，不管是正价还是特价，其实都是同一品牌，质量也完全一样。只不过是我们店铺要拿一款出来做促销，以回馈新老客户，所以现在买这些东西非常划算哦，亲完全可以放心地拍单！

买家：原来是这样啊，好，我马上下单！

客服叮叮：感谢您对小店的支持，祝您购物愉快！

情景分析

由于淘宝是在网上购物，所以买家会对产品质量存在一定的顾虑，特别是对于一些特价商品来说，买家对商品的疑虑会更重。客服人员要做的是消除买家对商品质量的疑虑，这样才能促使买家下单。客服叮叮就是这样做的，在买家对特价商品质量问题提出顾虑的时候，叮叮告知买家这款手表虽然是特价，但是与正价的产品都是一个品牌，只不过是这款手表现在是为了回馈新老客户在做促销，并保证手表在质量上绝对没问题。这就打消了买家对产品质量的疑虑，并最终促使买家下单。

技巧点拨

技巧一：告知买家是同一批货，不会有问题

如果买家对同一批产品中的某一件产品质量存在疑虑，比如说有的卖得好，有的卖得不好。客服人员可以告诉买家不管是卖得好的产品，还是卖得不好的产品，都是同一批货，在质量上绝对不会有问题。

技巧二：说质量都是一样，请买家放心

对一些产品，特别是一些搞特价的产品，很多买家都对其

质量存在疑虑。客服人员可以告诉买家不管是特价产品，还是正价产品，质量都是一样的，请买家放心，还可以告诉买家这款产品搞特价的原因，比如搞店庆、搞促销等。

技巧三：强调买家购买的利益

当买家对产品质量存在怀疑的时候，客服人员要首先表现出尊重买家的疑虑，然后再针对买家的疑虑真诚而负责任地告诉买家事实。最重要的是强调买家现在购买能够获得的利益，以推动买家立即做出决定。

情景 29 怀疑宝贝有色差

情景再现

情景一：

买家：这款上衣看起来颜色挺亮的，你的图片跟实物会不会有色差，色差大不大？以前买衣服，很多商家的照片效果非常好，拿到手后就不是那么回事儿了。

客服成成：亲，咱家的衣服都是实物拍摄的，都没有经过 PS 调色，全是原汁原味的。亲，尽可放心购买。如果色差很大，亲可以享受无条件退款的服务。

买家：好，既然你都这么说了，我买一件！

客服成成：感谢您的信任，祝您购物愉快！

情景二：

买家：你家的这款羽绒服有没有色差，不会是经过 PS 处理的吧？

客服小郑：亲，小郑向您保证，绝对没有经过 PS 处理，但是我需要向您说明的是由于显示器的不同、拍摄的因素，些许的色差可能存在。但是，我们敢保证，这种色差是很小的，甚至可以说是微乎其微的，亲可以放心购买！

买家：你说得也有道理，我拍一单。

情景分析

买家在网上购买产品的时候，由于看不到实物，会对色差问题产生疑虑，特别是对于衣服类的产品来说，买家对色差的疑虑更重，有的时候色差问题可能决定买家是否能够下单，客服人员要做的是打消买家对色差的怀疑。

客服成成与小郑就是这样做的，成成依靠大包大揽取消了买家对色差的疑虑，小郑则用委婉的方式告诉买家这款衣服不会存在色差问题。如此就打消了买家对色差存在的疑虑，并成功促使买家下单。

这就说明，卖家要善于打消买家对色差问题的疑虑，并最终保证买家成交。

技巧点拨

技巧一：保证没有色差问题

面对买家对色差的疑虑，客服人员最关键是要打消买家的这种疑虑。如果自己的商品在拍摄的过程中没有经过任何的处理，那就可以告诉买家自己的商品图片没有经过任何处理，可以保证没有色差问题。

技巧二：说出出现色差的因素

没有商家可以保证自己的产品没有任何色差问题，即使是最正常的拍摄也可能存在色差问题。此时，客服人员可以告诉买家由于显示器的显示效果、拍摄环境等因素的影响，商品可能存在些许的色差。这就能让买家感受到你的真诚，最终促使买家成功下单。

情景 30　怀疑尺寸不合理

情景再现

情景一：

买家：我身高 155cm，体重 45kg，您店铺的 M 码我可以穿吗？平常我都是穿 M 码的衣服，我怎么感觉这个款式好像有点儿大啊！

客服曼曼：亲，我们店铺的产品尺码都是严格按照国际标准来限定的，都是标准码，亲可以放心购买！

买家：好，那我拍一件。

情景二：

买家：我平常都是穿S码的上衣，你们店铺的S码衣服我可以穿吗?

客服丫丫：我们店有M、S、L、XL四个可供选择的号码，并且每一码的衣服都有标准的袖长、后衣长、胸围数字，亲如果不放心，可以实际测量一下。由于做工的区别，可能存在1～2cm的误差。亲可以大胆拍单，如果不合适我们店可以免费负责退换哦！

买家：好的，来一件，嘿嘿。

情景分析

很多买家在网购的时候，都会有“尺寸与描述不符”的困扰。所以，很多买家在拍单之前都会询问客服与产品相关的尺寸问题，这种沟通常常在鞋子与衣服上发生。要想让买家下单，就要消除买家“尺寸不合理”的疑虑。客服曼曼与丫丫在与买家沟通的时候，运用的都是这种技巧，她们在买家对尺寸问题提出怀疑的时候，积极打消买家的疑虑，最终促使买家下单。作为淘宝客服人员要善于打消买家对商品尺寸的疑虑，以求在商品尺寸上让买家感到放心。

技巧点拨

技巧一：告知买家商品尺寸标准

在买家提出尺寸问题的时候，客服人员打消其对产品尺寸疑虑的最好方式是告诉买家自家商品的尺寸标准，比如欧美、均码。并且告诉他们产品是正码，有详细的尺寸对应表。还要告诉买家，由于所选择测量工具的不同，可能会存在1～2cm的手工误差，建议买家可以根据自身的情况进行号码选择。这样就能消除买家对尺寸问题的疑虑，促使他们下单。

技巧二：承诺如果是尺码问题可以退换

买到的衣服或者鞋子因为尺码的问题不能穿是很多买家都会头疼的问题，这也是他们在很多时候对下单有疑虑的重要原因。面对这种状况，客服人员要告诉买家可以退换货。如果自己能够承担运费，就告诉他们可以免费退换；如果不能承担运费，就告诉买家，并给予适当的解释，求其谅解。

情景31　怀疑牌子不值得信任

情景再现

情景一：

买家：看你们店铺的名字并不是马克华菲的旗舰店，你们销售的马克华菲都是正品吗？

客服六六：亲，您的疑虑是可以理解的，可以看出您是一个认真谨慎的人。但亲请放心，我们店是皇冠级店铺，我们店内的产品都是正品马克华菲，我们做的是分销。亲，尽可以放心拍单哦！

买家：哦。

情景二：

买家：你们店的这款产品的牌子值得信任吗？

客服小四：亲，我们店的产品都是正品哦！这款产品月销量已经过万，并且好评如潮，从其他买家的反馈中亲就可以知道是不是正品。不要害怕，不要担心，本店产品假一赔十，亲可大胆下单。

买家：哦，看来确实如此，我也是看到销量好才关注的。

情景分析

由于网上购物的特殊性，买家在购买商品的时候多少都会对产品品牌存在怀疑，特别是对于一些不是品牌旗舰店的店铺来说，买家对店铺卖的产品更是心存疑虑，怀疑卖家出售的产品不是正品。此时，客服人员担当的就是消除买家这种顾虑的角色，甚至可以说，客服人员能不能消除买家这方面的疑虑，直接决定着买家能否下单。客服六六与小四做得就比较好，在买家对产品品牌表示有疑虑的时候，六六与小四从容应对，从不同的方面消除买家对品牌的疑虑，最终促进了成交。作为客服淘宝人员，要善于随机应变，依照不同状况来做出应对，消除买家的疑虑。

技巧点拨

技巧一：以店铺信誉打消买家疑虑

由于网店不能像实体店那样可以看得见、摸得着，所以很多买家在网购的时候总是心存疑虑。而他们进行网购的一大依据是淘宝店铺的信誉，信誉越高的店铺就越能受到买家的信任。在买家对店铺产品品牌表现出怀疑的时候，客服人员可以通过告诉对方店铺信誉很高的方式来打消买家的疑虑。

技巧二：以产品的销量和用户反馈来打消买家疑虑

在很多时候，买家信誉高并不一定能够彻底打消他们心中对品牌的怀疑。此时，客服人员要运用另外一种方式打消买家的疑虑，那就是告诉买家这款商品销量出色，买家有很好的反馈，以此来证明自己的产品不存在品牌真假的问题。

情景 32　怀疑产品过时了

情景再现

情景一：

买家：这款空调优惠力度挺大啊，是不是已经过时了，所以价格才会这么便宜?

客服小高：亲，您放心，这款产品是今年刚上市的产品，不论是在性能上、能耗上，还是在外观上都绝对赶得上时代。

买家：那为什么这款空调现在那么便宜?

客服小高：亲，来得早不如来得巧，今天是本店铺三周年店庆，为了回馈新老客户，本店特拿出三款产品来做特价！先到先得哦，买到就是实惠。

买家：哈哈，是这样啊，那我可不能错过。

情景二：

买家：看这款鞋子好像是2012年款的，是不是已经过时了?

客服贞贞：亲，您真有心，一看就知道您经常关注这个牌子的鞋子，这款鞋子的确跟2012年的那款很像，但是我们加入了铆钉、紫色花纹等当下流行元素。亲请放心，这是一款非常流行的鞋子。

买家：仔细一看确实是这样，原来是我搞错了！

情景分析

消费者在购买商品，特别是穿戴方面的商品时，会把过不过时作为重要的参考标准。客服人员与买家沟通的过程中，也常常会遇到这样的问题，能否打消买家对商品是否过时的疑虑也就成为衡量客服人员工作能力的重要标志。客服小高与贞贞就是这方面的高手，在面对买家对产品是否过时的疑问时，小高说是因为搞促销商品才会便宜；贞贞则依靠当下最流行的元素来对买家进行说服。这两种说服方式都取得了良好的效果。从中我们不难发现，客服人员要善于消除买家对“产品是否过时”的疑虑。

技巧点拨

技巧一：以回馈来解说

很多买家怀疑产品过时，是因为产品优惠力度大。现在的买家都很警惕，他们不相信天上会掉馅饼，在他们看来，产品之所以会以促销价出售，原因之一就是产品过时了，需要处理。面对有这样心理的买家，客服人员要及时告诉买家这是店铺为回馈客户而进行的活动，与产品是否过时无关。

技巧二：用当下的流行元素解说

并不是所有的买家都能相信店铺出售的产品是不过时的，除非客服人员能够说出它不过时的原因。这就需要客服人员根据销售产品的不同来告诉买家产品为何不过时，客服人员所要做的是把当下流行的元素融入产品介绍中来。比如，流行的豹纹花纹，流苏设计；比如，当下流行的色彩；再比如，最先进的科技，等等。这样就能消除买家对产品是否过时的疑问，促使买家下单。

情景 33　怀疑产品不够档次

情景再现

情景一：

客服小光：亲，这是一款当下最流行的，也是最受欢迎的护理品牌。如果市场上现有的保养品已经让您眼花缭乱，不知该如何抉择，就关注一下这款产品吧。它融美白与抗衰老二重功效于一身，是最值得入手的一款产品。每天只需两分钟，您就可以告别成堆的化妆品，让您的脸庞光滑白嫩！现在入手只需要 1 700 元哦！

买家：看表面好像是塑料的，感觉很没档次，也不知道值不值这个价钱。

客服小光：亲，可能让您产生了错觉，这款商品的表面不是塑料的哦，是钢琴烤漆的，绝对高端大气上档次，亲可以放心入手哦！

买家：哦，是钢琴烤漆的啊，挺不错！可以入手一件。

客服小光：感谢亲对小店的支持，祝您皮肤越来越好，越来越美丽！

情景二：

买家：你家的这件衣服好像不够档次啊？

客服晶晶：这件衣服才 50 元，很难达到您要说的“上档次”标准。要想“够档次”，亲可以选择贵的哦。

买家：拜托，我说的档次不是说非要高档，我指的是不要让人一看就知道是廉价货。

情景分析

对于一些消费者，特别是一些购买能力比较强的买家来说，他们往往会注重商品是否上档次，不上档次的产品很难让他们满意。所以，在购买商品的时候，他们会从各个方面来审视自己想要入手的产品，并会对这件商品产生是否上档次的疑虑。当买家出现“产品是否上档次”的疑问时，客服人员要做的就是打消买家的这种疑问。客服小光在这方面就做得比较好，当买家因为外观问题而怀疑产品不上档次时，小光及时做出了解释，并成功促使买家下单。晶晶在这方面做得就不太好，带有嘲笑的意味，如此是很难促进成交的。所以，客服人员要善于选择好角度来告诉买家产品是够档次的，可以放心购买。

技巧点拨

技巧一：够档次产品直接说

即使是一些上档次的产品，买家在购买的时候也会有“不上档次”的疑虑。针对这种状况，客服人员所要做的就是直接告诉买家这款产品是绝对上档次的，并且把产品上档次的原因阐述出来，以消除买家的疑虑。

技巧二：便宜产品委婉说

客服人员常常会遇到这样的买家，他们买的产品是比较便宜的，但是却会说产品不上档次。面对这样的买家，客服人员要拿出真诚的态度，不要冷嘲热讽，而是要委婉地告诉买家这个价位的产品想要档次高是很难的，同时，要告诉买家产品在同价位的同类产品中是突出的。

开会讨论销售对策

第二章
买家对物流的疑虑怎么处理

情景 34　怀疑是否包邮

情景再现

情景一：

买家：这款产品确实挺好的，就是不知道是否能够包邮？

客服晴晴：亲，这款产品绝对包邮哦，我们在产品介绍页面有标示哦！

买家：我也看到了，只不过想确认一下。

客服晴晴：放心，我们一定包邮，只要是在本店购买产品，不管价格高低，一律包邮！

情景二：

买家：这款产品包邮吗？

客服慧慧：亲，想什么呢？这款产品本身就二十块钱，您说能包邮吗？（偷笑表情符号）

买家：呵呵，你们店铺该换客服了，照你这样店铺早晚得关门，拜拜！

情景三：

买家：你家的这款产品包邮吗？

客服倩倩：对不起亲，这是大宗物品，邮费您需要自理，小店利薄，望亲谅解，给小店一条生路，倩倩这厢有礼了。

买家：哈哈，你还挺幽默，理解理解，咱拍了就是了。

客服倩倩：感谢先生体恤，小妹感激不尽！

情景分析

是否包邮是很多在淘宝上购物的买家考虑的问题，即使是店铺在商品介绍页面有了包邮的提示，他们也会对是否包邮心存疑虑，在与客服人员沟通的时候提及这一问题。不管店铺是否包邮，客服人员都要及时消除买家的这一疑虑。客服晴晴与倩倩做得是比较好的，他们采取了不同的方式消除了买家心里的疑虑，最终促进了成交。而慧慧做得就不太好，带有嘲笑的心理，成交自然很困难。所以，客服人员要做的是能够根据实际情况来组织措辞，以促进买家下单。

技巧点拨

技巧一：包邮产品直接强调

如果是针对店铺规定包邮的产品，买家表现出了疑虑，客服人员要直接强调产品是包邮的，强调时可以用温和的态度，也可以采用幽默的方式。

技巧二：不包邮产品求谅解

如果是不包邮产品，就要真诚地告诉买家，并且征求买家的谅解。客服人员可以用“可怜”的语言告诉买家产品不包邮的原因。依靠这种战术，能够赢得大多数买家的“同情”。也可以采取幽默的沟通方式，转移买家的注意力，最终让买家成功下单。

情景 35　怀疑发货时间拖延

情景再现

情景一：

买家：我想拍下这款产品，但是很担心你们不能第一时间发货，上次在其他店铺购物，等了两天还不发货，催了几次，客服根本不回应，气死我了！

客服瑶瑶：这样的店铺确实挺气人的，既耽误买家的时间，又破坏了买家的心情。在咱家店购物，亲尽可放心，咱们这款货物库存量大，只要您拍单，我们会在第一时间为您发货。

买家：好，那我就拍一单，希望你们不要让我失望！

客服瑶瑶：一定包您满意，我们不会有丝毫的时间拖延。

情景二：

买家：你们家的这款鞋子不错，想拍但是又怕不能及时发货，去年双十一购物，足足等了三天商家才发货，快气死我了！

客服晨晨：这样的商家确实可恶，他们发货拖延一是货源不足，另一个原因就是人手不够，双十一毕竟是购物狂欢节嘛，实力不够的商家肯定会拖延发货。但是，我们店绝对不会出现这种情况，我们是品牌直销，货源充足，同时在双十一期间我们还会雇佣上百人全天候不间断地包装发货，以确保第一时间发货。所以，亲可以放心购买哦！

买家：呵呵，这么强大，我要拍单！

情景分析

发货时间拖延是很多买家都很厌烦的事情，很多买家也吃过这方面的苦头，拍单之后，买家迟迟不发货，几经催促，商家总是说在打包配送中。如此不愉快的购物经历，让很多买家在网购的时候都会询问卖家是否能够准时发货，特别是在节假日期间。客服人员要善于消除买家的这一疑虑，促使他们拍单。客服瑶瑶与晨晨正是因为正确处理了这一问题，所以能够促使买家下单。客服人员要善于消除买家对店铺发货时间拖延的疑虑，唯有如此，才能让买家下定决心拍单。

技巧点拨

技巧一：认同买家的感受

买家在谈论发货问题的时候，往往会谈及自己的购物经历，他们会对发货时间拖延的卖家表现出不快，甚至是怨恨。客服人员要做的第一步是认同买家的感受，尊重买家的观点，并附合着说商家做得不对。这样就能让买家找到认同感，并对自己产生好感，从而促进沟通的顺利进行。

技巧二：给买家展示自己的实力

要想成功消除买家对发货时间的怀疑，就要善于向买家展示自己的实力。客服人员可以告诉买家自家店铺实力雄厚，货源充足，队伍强大，可以保证在第一时间给买家发货。这种实力的展示，能够让买家对店铺能够准时发货坚信不疑，从而促进下单。

情景 36　怀疑物流速度慢

情景再现

情景一：

客服当当：亲，您确定要拍单了吗？

买家：想拍单，但是有一个疑虑，不知道你们的物流速度怎么样，最讨厌拍了单，一星期还拿不到货。

客服当当：亲大可放心，我们除了能在第一时间发货外，还会选择最优秀的物流伙伴，尽快把宝贝送到您手中。

买家：好，我拍单。

情景二：

买家：我想拍你家的这款宝贝，但是担心你们的物流速度不够快，我有急用。

客服星星：亲，这一点您不用担心，咱家店与四家优秀物流公司合作。并且我们的特色是会根据不同买家的地址选择不同的物流公司，以确保货物能尽快送到您的手中。

买家：这一点确实比较有特色，我马上拍单。

情景分析

如果说在网购时什么让买家厌恶，那么，其中之一肯定是物流速度慢。没有人喜欢慢吞吞的发货速度，没有人喜欢拍单之后一个星期才能收到货。所以，在购物的时候，买家常常会把物流速度纳入是否拍单的考虑中去。客服人员要做的就是消除买家对物流速度的不信任，以促使他们下单。客服当当与星星就是依靠这种方式来促使买家下单的，在买家对物流速度提出质疑时，当当以“选择最优秀的物流伙伴”来打消买家的疑虑，星星则是以“根据不同买家的地址选择不同的物流”打消买家的疑虑。两人都促进了成交，从中我们也可以看出打消买家对物流速度产生的疑虑的重要性。

技巧点拨

技巧一：告知买家与店铺合作的是最出色的物流伙伴

当买家对物流速度产生怀疑的时候，客服人员要及时告诉买家与自家店铺合作的是最出色的物流伙伴，能够确保货物尽快送到他们的手中。出色的物流公司是消除买家对物流速度置疑的利器，客服人员要善于利用这一利器。

技巧二：告知买家物流因地而异

买家来自四面八方，不同的地方物流公司到达的速度也是有区别的，有的物流公司到一个地方快速，却未必到另一个地方也快速。客服人员可以告诉买家与自家店铺合作的有好几家物流公司，店铺可以按照买家的地址选择最快捷的物流企业，确保货物第一时间送到他们的手中。这种方式是消除“买家对物流速度不信任”的最佳手段，能够最快速地促使他们下单。

情景 37 怀疑产品会被损坏

情景再现

情景一：

买家：我想在你家店拍一套茶具，可茶具是易碎品，怕在运送的过程中损坏，换来换去的麻烦。

客服巧巧：亲，您不必担心，我们在包装时会运用足够多的泡沫塑料、泡绵，这些东西能够更好地缓和撞击。在商品的四周充分填充泡沫软包装，可以最大限度减少宝贝损坏的概率。

买家：这样说我就放心了。

情景二：

买家：我想拍你家的这款一体机电脑，不过担心在货物运送的过程中出问题。

客服小詹：亲，您放心，我们在发货之前都是经过严密包装的。我们会把电脑先用泡绵、气泡布、防静电袋等包装材料包装好，并用瓦楞纸在商品边角或者容易磨损的地方加强包装保护。除此之外，我们还会用海绵、防震气泡布这类有弹力的材料将纸箱空隙填满，这些填充物可以吸收撞击力，避免物品在纸箱中摇晃受损。

买家：好，我可以放心拍单了。

情景分析

很多买家在网购的时候都遇到过货物被损坏的情况，在处理这类问题的时候是劳心劳力的，所以很多买家在网购易碎品的时候，都会把货物是否会损坏作为是否购买的考虑因素之一。

客服人员要做的是打消买家的这种顾虑，告诉买家自己的产品在运送的过程中不会出现任何损坏。客服巧巧与小詹就是这样做的。面对买家的疑问，他们把自家店铺对产品的包装情况详细告诉买家，依靠包装的可靠性来让买家感知货物在运送的过程中不会出现损坏。这就是客服人员应该担当的角色，这也是促进成交的重要因素之一。

技巧点拨

技巧一：易变形、易碎产品包装情况详细说明

易变形、易碎产品包括瓷器、玻璃饰品、茶具、字画等。在告诉买家包装情况时，可以说产品在包装时会多用些报纸、泡沫塑料或者泡绵、泡沫网，在货物的四周充分地填充，并告诉买家货物在运送的过程中不会出现任何问题。

技巧二：液体类产品包装诉说细节

告知买家产品会先用棉花裹好，或者用透明的气泡纸裹好，再用胶带紧紧缠牢，外面还有塑料袋做最后的保护。

最后，还会把货物放进小纸箱，箱内四周还会塞满泡沫塑料或者报纸。

技巧三：贵重精密电子产品包装防震功能要突出

贵重的精密电子产品包括电话、手机、电脑荧屏等。这类产品怕震动，要告诉买家在包装时会运用泡绵、气泡布、防静电袋等包装材料，在箱内还会填满海绵、防震气泡布等有弹力的材料。

情景 38 怀疑到货时间不及时

情景再现

情景一：

买家：想在您的店铺买件上衣，但是发现您店铺的地址在广州，我现在在北京，这路程挺远的，要是十天八天的不到货，可不得把人急死！

客服小光：亲请放心，我们的物流速度是较快的，因为与我们合作的都是非常出色的物流公司，到北京一般只需要两三天的时间。亲一旦拍单，我们会第一时间发货，不出意外，三天内货物可以到您手中。

买家：这物流速度还算可以，我决定拍单。

情景二：

买家：这件商品我急用，不知道五天之内能不能拿到货？

客服小顾：亲，与我们合作的都是以快速著称的物流公司，依照您的地址，一般两天之内就能到货。但是，在货物运送的过程中，或许会遇到不确定因素，可能会延误 1 ~ 2 天的时间。五天的时间绰绰有余了，亲可以放心拍单！

买家：好好。

情景分析

到货时间不及时也是买家比较讨厌的一件事情，特别是一些需要急用的买家来说。很多买家在买产品的时候常常会询问商家货物能不能及时到，这就表明买家对商品到的时间存在疑虑，客服人员如果解决不好，很可能会影响买家下单。客服人员要善于打消买家的这种疑虑，促使他们下单。客服小光与小顾就是这样做的，在面对买家对“货物到手时间能否及时”表示疑虑时，他们及时地帮助买家消除了这种疑虑，最终促成了买家下单。

技巧点拨

技巧一：让买家知道自家的物流实力

要想消除买家对货物不能及时到手的疑虑，就要让买家明白自家店铺有实力及时把货物送到买家的手中。客服人员可以告诉买家自己的网店与哪些出色的物流公司合作，一般几天可以迅速地把货物送到买家手中。如此，就能让买家对商家的送货能力产生信任，从而促进成交。

技巧二：不使用绝对性词语

在买家提出货物能不能及时到手的问题时，客服人员要立刻给出答案，在给出答案的过程中，不要使用绝对性词语，比如“绝对可以”“没有丝毫问题”“肯定能到”等。而是要多使用“不出意外”“或许”“可能”等不确定词语。这样既能让买家产生信任感，又不至于在货物不能及时到买家手中时给买家提供说词。

第三章
买家对售后有疑虑怎么办

情景 39　怀疑是否保修

情景再现

买家：这款手机……（手机链接）的性能着实不错，我想入手一部，但是不知道在您店铺购买是否保修？

客服小杨：亲，购买我们这款手机可以免费保修一年，只要您持保修卡，就可以享受在任何一个维修点进行修理。我们在全国有将近 500 个保修点，亲可以选择任何一个保修点，因为我们的保修卡是全国保修的。亲，请放心购买，我们会在给您发货时一同把保修卡发给您，只要不是人为的损坏，在我们规定的保修范围内，我们都保修哦。

买家：那我尽快入手一款。

客服小杨：感谢您对小店的支持，祝您购物愉快。

情景分析

产品是否保修是很多买家在购买商品的时候都会考虑的事情，特别是在买一些大宗物品（冰箱、空调、电脑、电视机、手机等）时，都会考虑到是否保修，甚至可以说是否保修在很大程度上决定是否能够成交。所以，在买家对产品是否保修提出疑虑时，要懂得去打消买家的这种疑虑。客服小杨就是这样做的，在买家提出手机是否保修的问题时，积极告诉买家手机是全国联保的，只要不是人为的损坏，都可以享受保修服务。客服小杨成功打消了买家对手机是否保修的疑虑，最终顺利让买家下单。所以，客服人员要懂得及时打消买家对商品是否保修的疑虑，如此，才能让买家顺利拍单。

技巧点拨

技巧一：表现出保修能力强大

在售后服务质量上，保修占据重要的角色。客服人员要想成功打消买家心中这方面的疑虑，就要表现出自家店铺的保修能力强大。如果支持全国联保，就告诉买家此款产品支持全国联保；如果保修网点多，就说出全国有多少保修网点。这种实力的展示就能很好地打消买家心中对是否保修的疑虑，从而促使他们成功下单。

技巧二：具体说明保修范围

如果在与买家沟通的过程中，只是说保修，很难取得买家的信任。往往客服人员说出产品的保修范围时则更能让买家感受到真实可信，所以客服人员要把产品保修的相关规定告诉买家，从而可以让买家对保修有更为清晰的了解，最终促使其下单。

情景 40 怀疑是否包换

情景再现

买家：（产品链接）这款笔记本看起来不错。

客服小李：亲，一看您就是内行，这款笔记本超薄机身，最新 i7 处理器，2G 独显，15.6 英寸大屏，外观时尚。绝对高端大气上档次。

买家：很想入手这台笔记本电脑，只是不知道是不是包换？

客服小李：亲，这款笔记本包换哦，只要是在 7 日内，笔记本出现非人为损坏的性能故障，您可以选择同型号同规格的笔记本更换。只要保证所要更换的笔记本的外观无磨损，并且确保所有配件和包装都完整，我们会为您提供包换服务。亲可以放心购买哦！

买家：好，我马上下手，嘿嘿。

情景分析

产品是否包换是很多买家都会考虑的问题，特别是在一些贵重物品上，是否包换直接决定着买家是否能够下单。虽然商家可能在包换方面做出了通告，但是很多买家还会有这方面的顾虑，因为毕竟贵重商品都价格不菲。

客服人员要做的是打消买家心头的疑虑，树立他们商品包换的意识。客服小李就是这样做的，在面对买家提出笔记本是否包换的疑虑时，客服小李把与产品相关的包换政策说出来，告诉买家笔记本可以在 7 日内包换，让买家放心。客服人员要时刻能够像小李那样，能够在买家提出是否包换的疑虑时，积极去打消这种疑虑，以促进成交。

技巧点拨

技巧一：多说让买家放心的词语

疑虑关键在于打消，打消关键在于能否使用能够让买家放心的词语。客服人员在与买家沟通的时候，要多使用“请您放心”“绝对包换”“一定包换”“可以选择”等能够让买家感到放心的词语。唯有如此，才能树立产品包换的意识，最终促进买家成功下单。

技巧二：说出包换的限定性

客服人员除了多说让买家放心的词语外，还要说出包换的限定性。具体来说，客服人员要告诉买家产品包换的范围、包换的原则。在此基础上的包换政策，能够最大限度让买家对包换政策有所了解，从而消除买家对是否包换的疑虑。

情景 41　怀疑是否包退

情景再现

情景一：

买家：你家的这款香水（产品链接）可以无理由退货吗?

客服小幻：呵呵，您说可以退货吗？无理由？！哪家店铺会这样做，您退了我们还卖给谁去？再说，这款香水才一百多块钱，呵呵。

买家：呵呵，那算了，咱不拍了行吧?

情景二：

买家：咱家的这款产品包退吗?

客服苗苗：对不起，亲，由于香水是特殊商品，这款产品不支持包退服务。请您谅解，我们会以最出色的产品和服务让您满意。

买家：理解理解，我马上下单。

情景分析

产品是否包退是很多买家在购买产品的时候都会考虑的

因素，有些商家出售的产品是支持 15 日内退货的，有些商家由于商品的特殊性，并不支持退货。不管是不是支持退货，客服人员都要懂得沟通的技巧,都要懂得如何去消除买家的疑虑。客服小幻与苗苗在与买家沟通的过程中之所以取得了相反的效果，就是因为沟通的策略不同。小幻在沟通的过程中没有尊重买家，态度蛮横，成交失败理所当然；苗苗在与买家沟通的过程中，积极解释，态度温和，所以获得了买家的理解，促使买家很快下单。两者沟通效果的截然不同表现出，要打消买家对商品是否包退的疑虑，就要掌握一定的沟通技巧。

技巧点拨

技巧一：沟通时态度要好

对于商家来说，拒绝买家包退的请求，自然会让买家多多少少不痛快。要消除这种不痛快，客服人员就要态度好，让买家感受到自己的诚意，让买家知道不包退也是无奈之举。唯有态度良好，才能让买家理解商家，从而促使买家下单。

技巧二：积极说明不包退原因

除了在沟通的时候态度要好外，客服人员还要积极说出商品不包退的原因。比如，香水、化妆品、食品之类的商品，要真诚告诉买家为什么不包退换，而具体的原因可以从商品自身的特质说起，说特定产品不支持包退服务。同时还要告诉买家，不退是为了保证每个买家的利益。

情景 42　怀疑售后问题不能及时处理

情景再现

买家：你家的售后服务怎么样，产品出现问题了能不能及时给予处理？我想拍单，但又怕货物出现问题时，你们不能给予及时处理。

客服小强：亲，我们有强大的售后，仅售后客服人员就有四个，可以帮助买家处理一切与商品有关的问题。亲，您要是不信，可以查看一下买家对咱家售后服务的反馈，好评如潮啊，亲尽可以大胆拍单。

买家：本来就打算拍这款产品了，有你这样说，我就更放心了，马上就拍。

客服小强：小强再次谢过，感谢您对小店的支持，祝您购物开心。

情景分析

由于网购是通过虚拟的网络进行的，买家在购买产品的时候只能看到商品的图片，而不能看到实物，所以在质量、款式、大小等方面都只有感性上的认识，而不是实际的感受。正因为如此，在货品到达买家手中的时候，难免会遇到这样那样的问题，为了解决这些问题，买家就要与客服人员进行售后沟通，而很多商家的售后服务并不出色，或者可以用糟糕来形容，这就给买家造成了很大的困扰。所以，许多买家在网购的时候会充分考虑卖家能不能做到及时处理售后问题。小强在这方面做得比较好，他通过描述自家店铺售后服务强大的方式来说服买家，使买家得以顺利下单。

技巧点拨

技巧一：告知买家售后服务队伍强大

要让买家消除对售后问题不能及时处理的疑虑，就要让买家感受到店铺售后队伍的强大。客服人员可以告诉买家自家店铺有多少售后客服人员和多少专门处理售后问题的员工，这样就能让买家切身感受到店铺的售后服务是强大的，可以及时处理货品出现的问题。

技巧二：用实例进行证明

实例证明能够起到良好的说服效果，也能更好地打消买家的疑虑。客服人员可以列举几个处理买家售后问题十分快速的事例，这种做法比单纯说售后服务如何好更见成效，更能消除买家对商家售后服务的怀疑。

第四章
买家讨价还价时怎么处理

情景 43　公司规定不让价

情景再现

情景一：

买家：小二，看你家真皮沙发不错，不过价格略高，近来囊中羞涩，可否便宜个三毛两毛的？

客服小虫：客官一定是个幽默的人，很抱歉哟，这款沙发是不还价的，这是公司的规定，店小二小虫也很想给客官优惠，只是身不由己啊，万望客官谅解！

买家：哈哈，既然如此，那咱就拍了！不差那三毛两毛的。

客服小虫：感谢客官赏脸，小虫感激不尽！

情景二：

买家：这件衣服可以便宜点儿吗？我确实喜欢。

客服小江：不行，公司规定不让价！

买家：哦，那我去别家看看。

情景分析

不管是在现实生活中购物，还是在网上进行购物，讨价还价都会存在，它就像是一种习惯，已经很难与消费者分开。淘宝网上的产品虽然明码标价，但是仍有一些买家会讨价还价。面对买家的讨价还价，客服人员要做的是既能拒绝买家的还价，又能让买家下单。客服小虫与小江在面对买家讨价还价时的沟通方式是不一样的，虽然同样都是说公司规定不让价，但小虫说服了买家下单，小江却失败了。这说明依靠“公司规定不让价”的策略来拒绝买家的讨价还价，也是需要讲究技巧的。

技巧点拨

技巧一：语气不要生硬

虽然说把公司规定当作不让价的挡箭牌能够取得一定的效果，但是并不是所有的人都会买账。要想这种拒绝方式有成效，就要做到语气不要生硬，生硬的语气会让你的买家心生不快，甚至会激怒你的买家。所以，要尽可能地保证语气柔和，让买家可以心甘情愿地接受。

技巧二：表现出自己是在为买家考虑

在买家提出让价的建议时，客服人员首先要表现出自己在为买家考虑，比如说自己很想为其降价，但是价格是公司规定的，自己也无可奈何。这种方式能够让买家感受到你是与他站在一起的，保证沟通顺利进行，并能促使买家拍单。

情景 44　单件产品不让价

情景再现

买家：这款洗面奶效果挺好，价格方面有点儿小贵，能不能便宜点儿？

客服小张：亲，很抱歉哦，咱家的这款洗面奶是不让价的。

买家：咱确实想买，您就给便宜点儿吧，不用多，便宜个三块五块的就成，嘿嘿！

客服小张：真的不行啊，亲，咱们的单件商品是不让价的，您要拍三个（包含三个）以上，咱家小店才可以给你打九五折。

买家：三个以上？谁能用得了那么多啊！一个九五折怎么样？

客服小张：咱家店小利薄，希望亲能体谅，确实很难给您便宜。

买家：好好，不和你磨嘴皮子了，我拍一款。

客服小张：感谢亲对小店的支持，祝您工作顺心，万事如意。

情景分析

薄利多销的销售方式在网店同样适用，很多商家也会运用这种方式来销售产品。客服人员可以把这种销售策略拿来当作拒绝买家讨价还价的一种手段，当买家讨价还价的时候，客服人员可以告诉他单件产品是不让价的，购买两个或者三个以上才能让价。买家不会为了便宜几块钱而选择多买一款产品，这就自然而然地拒绝了其让价的要求。客服小张就是这样做的，在面对买家的讨价还价时，客服小张告诉买家单件商品不让价，并且告诉买家三个以上才打折。买家经过权衡之后，最终选择原价拍单。所以，在面对买家的讨价还价时，客服人员要善于利用“单件产品不让价”的方式来巧妙拒绝买家。

技巧点拨

技巧一：拒绝要循序渐进

买家在提出让价的时候，客服人员不能立刻拒绝，而是要循序渐进地进行。没有人喜欢在刚一提出要求就立刻遭到拒绝，在网上购物的买家同样也有这样的心理。客服人员在与买家沟通的时候，不能直接说不让价，而是先道歉，让买家原谅，然后再告诉买家商品不讲价。如果买家还要求降价，此时客服人员可以说单件产品不讲价，需要多购几个才降价。如此，就能起到委婉拒绝的效果。

技巧二：沟通中数字要具体

在与买家沟通的过程中，要做到数字具体。在说出单件产品不讲价之后，还要说出具体购买几件产品才能让价，这个“几件”不能含糊，要是具体的数字，比如3件以上，包含3件。让价的幅度也要具体，要具体到几折。做到数字具体的好处是，让买家在接收到信息后感觉真实可信，同时也可以让他们看出自己不让价的决心。

情景45　买家平等不让价

情景再现

买家：你家店铺的这款衣服打不打折？如果打折的话，我就拍一件。

客服艳艳：对不起亲，这款衣服不打折，只有在促销的时候才有相应的折扣，请您理解。

买家：你就给我打个折吧，多卖一件是一件，薄利多销嘛！

客服艳艳：亲，真的不行啊，小店对待每一个买家都是平等的，商品的价格都是相同的，给您打折了，是不是对其他买家来说不太公平，您说呢？虽然我们在价格上不会做让步，但是我们可以保证产品的质量。亲，您要拍单吗？

买家：你说得有道理，看来你是个很有心的客服，拍一件吧！

客服艳艳：多谢您的夸奖，也感谢您对小店的支持，我们会在第一时间给您发货。

情景分析

拒绝买家讨价还价的请求，还可以从买家自身入手来说服买家。客服人员可以说为了保证公平，针对所有买家的价格都是一样的。这个理由具有充分的说服力，能够轻松应对买家的讨价还价。客服艳艳就是这样做的，在买家提出要打折时，她告诉买家价格对所有买家都是一样的，为了保证公平，不能给买家打折，并且她还承诺保证产品的质量，最终拒绝了买家的打折要求，并成功让买家拍单。客服人员要懂得掌握这一拒绝买家讨价还价的方式，并成功促使买家下单。

技巧点拨

技巧一：动之以情

要想这种方式在拒绝买家的时候取得良好的成效，就要动之以情，告诉买家自己要维护买家在购买产品时的公平性，让买家意识到所有的买家在购买产品的时候价格一样，才是公平。在利用这一方式时，切忌态度冷硬，否则就很难取得良好的效果。

技巧二：正确运用反问

反问很多时候是最出色的说服方式，在此处反问就能起到这样的效果。客服人员要懂得正确使用反问，让买家意识到自己打折的要求是不合理的，对其他买家是不公平的。具体的反问方式可以是“打折对其他买家是不公平的，您说呢？”也可以是“打折对其他买家是不公平的，您认为呢？”或者是“打折对其他买家是不公平的，难道不是吗？”

情景 46　物超所值不让价

情景再现

买家：这双鞋子……（产品链接）看起来挺潮啊。

客服蒙蒙：亲真是好眼光，这是咱家小店卖得最好得一款鞋子，亲，可以拍单哟！

买家：我也想拍，300 元的价格有点儿小贵，能不能打个折？

客服蒙蒙：亲，不好意思啊，小店的这款鞋子不打折。这是一款物超所值的鞋子：头层牛皮制作，极致柔软；意大利大师设计，国际范的款式，引领当下潮流；手工走线清晰可见，更显高端大气；纯橡胶鞋底，耐磨性出色。亲，这个品牌的鞋子在实体店要350 元哦。如此物超所值，亲还不心动手痒吗？嘿嘿！

买家：你描述得确实不错，我在实体店看到过这款鞋子，的确需要 350 元，我决定拍一个。

客服蒙蒙：谢谢您对小店的支持，蒙蒙在此谢过。

情景分析

在应对买家的讨价还价时，最能起效果的拒绝方式是告诉买家产品物有所值。很多消费者在购买商品的时候都会考虑性价比，性价比高的产品是最受消费者喜欢的。对于喜欢在淘宝上购物的买家同样如此，买家也会把性价比当作自己购买产品的一大依据，当他们感觉到性价比不高时，他们就会选择不拍单，或者与客服人员讨价还价。客服人员应对的技巧就是告诉买家这种产品物超所值，并且描述出产品是如何如何好，达到吸引买家，让买家放弃讨价还价的目的。客服蒙蒙就是这样做的，她通过对产品进行描述，表现出产品是物超所值的，是不需要讨价还价的，最终促进了成交。

技巧点拨

技巧一：描述出产品物超所值

要想让买家感受到商品是物超所值的，就要描述出商品物超所值的地方。客服人员要从设计、材质、颜色等各个方面进行全方位的描述，让买家相信这是一款出色的产品，是一款物有所值的产品。

技巧二：说出商品价格与实体店价格的区别

由于网店不需要像实体店那么多的费用成本，所以在商品价格上会比实体店的便宜。客服人员要强调这种便宜，并且告诉买家实体店的价格是多少。如此，买家就会对两个价格进行比较，从而产生物超所值的想法，进而放弃讨价还价。

情景 47　增加附加值不让价

情景再现

情景一：

买家：你家的这款电压力锅……（产品链接）能便宜点儿吗？

客服小超：亲，这款压力锅是不讲价的，我们店铺产品的定价都是统一的，除非在促销的时候会有价格上的优惠。不过亲，我们可以赠送给您一个勺子、一个蒸架。单独购买的话，需要几十块钱哦！

买家：不错，我正缺一个蒸架呢！

情景二：

买家：这款鞋子……（产品链接）可以便宜点儿吗？

客服大龙：亲，咱们家的这款鞋子是不讲价的，请亲理解。不过，您今天拍单的话，我们可以免费送您一个鞋拔、两双袜子，这个赠送优惠也是很大的哟！亲，赶快下单吧。

买家：鞋拔我喜欢，这个赠品不错。

情景分析

对于一些喜欢讨价还价的买家来说，任凭客服人员把不讲价的理由说得无比充分，也很难让他们满意，此时，客服人员就要利用增加产品附加值的方式来应对买家的讨价还价。所谓的增加商品的附加值，指的是给买家提供与商品有关的赠品。客服小超与大龙就是这样做的，当买家讨价还价的时候，他们先是拒绝买家的让价要求，然后承诺可以赠送买家一些赠品，这种做法分散了买家的注意力，最终促使成交的完成。从中我们不难发现，这种拒绝买家讨价还价的方式是非常实用的。

技巧点拨

技巧一：不讲价求理解

买家往往采取直接询问产品是否可以便宜的方式来讲价，客服人员可以直接告诉买家产品是不讲价的，但是要积极争取买家的理解，比如说，“希望您能理解”“请亲理解”等。如此就能给买家带来好感，为下面的说服做好铺垫。

技巧二：承诺赠送与产品相关的赠品

拒绝讨价还价会给买家带来不愉快，客服人员要善于抹平买家的这种不愉快,具体方式是承诺给予买家一些相关的赠品。这种给予赠品的方式，是在无形地增加商品的附加值，买家经过对比，就可以感受到这种诱惑力，最终接受客服人员的建议，不讲价也拍单。

第五章
间接拒绝不让价

情景 48　间接表明价格合理

情景再现

买家：你家店铺的这款内衣……（产品链接）好像比想象中的要贵，可不可以便宜点儿？

客服彤彤：亲，我先不告诉您是不是能便宜。我只想告诉您这个品牌的内衣都是从国外直接进货，运费、人工费，再加上其他的费用，亲自己可以算一笔账。不瞒您说，这个品牌的产品留给我们自己的利润是非常少的。亲，您可以自己想想我们的价格是否合理？

买家：看来你说得有道理，我会考虑入手一件。

客服彤彤：谢谢亲的理解，祝您购物愉快！

情景分析

客服人员拒绝买家讨价还价，除了直接拒绝的方式外，还可以采取间接的方式，间接拒绝取得的效果甚至比直接拒绝的效果还要好。而间接拒绝的方式之一是间接表明商品的价格是合理的，具体做法是不从价格自身出发，而是从与商品相关的费用出发，把这些都告诉给买家，让买家自己想象商品的价格是否合理。客服彤彤就是这样做的，在买家提出商品贵，是否可以降价时，彤彤没有直接说不讲价，也没有直接强调商品的价格是合理的，而是从商品成本出发，让买家自己感受到商品其实并不贵，而定价也是非常合理的。所以，客服人员在听到买家嫌产品贵，并要求降价的时候，没有必要直接强调产品价格合理，而是要从产品自身说起，让买家自己认识到产品的价格是合理的。

技巧点拨

技巧一：从产品自身来证明价格合理

在买家对产品的价格表现出疑问时，客服人员可以从产品自身出发间接证明价格的合理性。你可以告诉买家这是一款质量很高的产品，设计多么有风格，材质多么名贵，科技含量多么高超，等等。介绍完这些信息，买家就能对产品有个感性认识，对产品的价格是否合理有个初步的理解。

技巧二：从与产品相关的费用证明价格合理

如果仅仅从产品自身出发不能更好地证明产品价格合理，那么就要从相关的费用出发，证明产品的价格是合理的。如果有可能的话，你可以给买家算一笔账，包括和商品相关的运费、人工费，以及其他一切相关的费用。让买家对产品成本有更深入的了解，这无疑能消除买家对价格不合理的怀疑。不过，如果这些是不可告人的商业机密，客服人员还可以选择模糊透露的方式，只说费用高，而不透露具体的数字。

情景 49　声明要请示领导

情景再现

买家：这款马丁靴……（产品链接）怎么样？

客服洋洋：亲，很棒哟，这款马丁靴短筒、圆头、平跟，铆钉制作工艺，既保暖又时尚，是一款为青年人专门打造的休闲靴子。

买家：靴子是不错，价格也不错，嘿嘿，能便宜点儿吗？给我打个九折怎么样？

客服洋洋：亲，我只是客服人员，产品的价格是我们老板定的，能不能便宜是我们老板说了算的，我也很想给您打折，但是无能为力，除非我请示老板，老板未必能给您打九折，如此肯定会浪费你的时间，毕竟时间就是金钱。您说呢？亲。

买家：你说得很有道理。

情景分析

把矛盾从自己身上移开，也是间接拒绝买家讨价还价的重要方式之一。如果客服人员能够把矛盾的主体引到老板身上，就可以轻松拒绝买家的讨价还价，又不会让买家不高兴。客服洋洋就是这样做的，在面对买家讨价还价的情况时，洋洋告诉买家价格是老板定的，自己无能为力，并告诉买家除非自己请示老板，但是请示老板也未必能够得到打折的优惠，这样就会浪费买家的时间。买家经过甄别对比，最终承认洋洋说的是对的，不再在价格上纠缠。

技巧点拨

技巧一：表现出自己的无奈

客服人员要做的是能够最大限度地表现出自己的无奈，要让买家感受到自己也想为他们打折让价，但是自己却做不到。要达到这样的效果，客服人员需要告诉买家价格是老板定的，自己在打折上是无能为力的，要想打折让价，就要请示老板。这样做，能让买家感受到你是与买家站在一起的，是为他们考虑的。如此，沟通就能顺利进行。

技巧二：说出对买家的坏处

客服人员要想通过“要请示老板”的方式来取得良好的拒绝效果，还要说出请示老板的坏处。客服人员可以说虽然自己可以请示老板，但是请示老板也不会得到打折让价的优惠，并且还会浪费买家的时间。很多买家会考虑客服人员的话，很多时候，他们不会再因为一点点的打折优惠而再去纠缠。如此，间接拒绝就达到了良好的效果。

情景 50　证明自己很“苦”

情景再现

买家：这款护理液……（产品链接）可以便宜点儿吗？

客服六六：抱歉，美女姐姐，这个价格已经是公司授予我们的价格底线了，希望您能接受。

买家：你就给便宜一点儿吧，我是苦逼的上班族，挣点儿钱不容易啊。

客服六六：咱们都是上班族，您说的我感同身受。我们也很苦啊，每天要工作十几个小时，起早贪黑的，还要不停地上货、盘货，每天都累得要死。现在做淘宝竞争大啊，利润还少，如果每个买家都来给我们压价，小店是很难生存下去的，小店要继续生存下去，必须要有合理的利润，请美女姐姐谅解！

买家：是啊，同是天涯打工人，好吧，我去拍单。

客服六六：感谢美女姐姐的理解和支持，欢迎再次光临小店！

情景分析

人人都有同情心，只要激起对方的同情心，就能让对方按照自己的意愿做事。淘宝客服人员要想让买家心甘情愿接受客服人员对价格的拒绝，就要激起买家的同情心，让买家自愿放弃讨价还价，并去拍单。客服六六就是这样做的，在面对买家讨价还价的时候，他采取的战术是诉说自己工作很苦，做淘宝竞争大，利润空间小，生存压力大。一连串的“叫苦”激起了买家的同情心，最终放弃了讨价还价。淘宝客服人员要掌握这一技巧，以激起对方“同情心”的方式来让买家自动放弃讨价还价。

技巧点拨

技巧一：动之以情，晓之以理

针对讨价还价的买家，客服人员要懂得表现自己的“苦”，要动之以情，晓之以理，以唤起买家的同情心。客服人员要利用这种方式来拒绝买家的讨价还价，可以从工作辛苦、利润低、竞争压力大等方面出发，来全方位展现自己的“苦”，从而更好地赢取买家的同情心。

技巧二：要表现出比买家更“苦”

一些喜欢网上购物的人，大多是上班族，上班族面临着巨大的生活压力，一些上班族在网购的时候会选择讨价还价，并把自己挣钱不容易当作是讨价还价的筹码。客服人员在面对这类买家时，要表现得比他们还“苦”，让他们知道你是比他们还“苦”的一类人，这样才能唤起他们的同情心，才能让对方心甘情愿放弃讨价还价。

情景 51　告知不议价有礼品

情景再现

买家：这款包包……（产品链接）很漂亮，我非常喜欢，能便宜点儿吗？

客服小凡：亲，咱们这款包包是咱家店里最畅销的一款哦，现在是不让价的，希望亲能理解！

买家：我是真的喜欢，你就给打个折吧。

客服小凡：真的抱歉啊，亲，咱家这款包包本身价格就不高，并且是物超所值的。虽然不让价，但亲要是拍的话，我们可以送给亲一份精美的礼品。

买家：什么样的礼品？

客服小凡：精美的挂历，精致的相框，两者都非常精美哦，不过只能选其一。

买家：我都想要，嘿嘿！

客服小凡：服了，今天我做主，全送给亲了，吐血！

买家：谢谢，亲！

情景分析

消费者在消费的时候都有占便宜的心理，除了在价格敲定后想获得产品自身外，还想获得产品之外的东西，而精美礼品常常是他们的首要之选。客服人员要充分利用消费者的这一心理，在遇到讨价还价的买家时，告诉买家产品不议价但是可以赠送精美的礼品。客服小凡就是这样做的，在与买家沟通的过程中，告诉买家产品物有所值不议价，在对方一再要求降价的情况下，客服人员承诺拍单就送精美的礼品。这对买家来说，具有很大的吸引力，最终他放弃了讨价还价，而是选择拍单，获得买家赠送的礼品。这种赠送礼品的方式，是客服人员拒绝买家讨价还价的又一方式，要懂得熟练运用。

技巧点拨

技巧一：把礼品描述得尽可能精美

唯有礼品精美，才能吸引买家。没有买家愿意为毫不起眼的礼品放弃讨价还价，所以，客服人员要尽可能把礼品描述得精美。如果有可能的话，还要把礼品的外观图片呈现给买家。

运用这种口述与图片结合的描述方式，能让买家对礼品产生幻想，最终让他们放弃讨价还价而选择礼品。

技巧二：表现出自己的“不情愿”

要想让买家感觉到要礼品比讨价还价更划得来，客服人员就要表现出对礼品赠送的不情愿。客服人员可以告诉买家赠送的礼品如何精美，可以告诉他们礼品值多少钱，可以告诉他们礼品是定制的、稀有的，等等。并且客服人员要表现出自己的不情愿，这样可以让买家感觉是自己得到了更大的便宜。

商务合作中的握手

第六章
不同场景如何讨价还价

情景 52　便宜就一定再买

情景再现

情景一：

买家：太贵了，这件宝贝真的不能再便宜了？如果能给我便宜点儿，下次我还来买，我还可以建议我朋友来买，你就给我便宜点儿吧！

客服小春：非常感谢亲对小店的惠顾，不过，对于任何买家来说，我们都是这个价格的。更何况，咱家小店的这款产品价格已经很实在了哦，现在我们还有满 99 元立减 5 元的促销。所以，很抱歉亲，不能再便宜了。

买家：哦哦。

情景二：

买家：我挺喜欢这款产品的，只是有点儿贵，能不能给便宜点儿？如果能便宜，我下次购物还来您的店。

客服球球：亲，这款产品现在的价格已经是最低的了，如果您对价格不满意，我们这款产品还有一个实惠的套餐，我把链接发给您，稍等。

买家：这个套餐看起来不错，我拍这个套餐。

情景分析

一些买家在讨价还价的时候，会采取允诺的方式，比如允诺“一定拍单”，允诺“下次还会光临”。这类买家就是典型的允诺型买家。这类买家其实已经有了下单的欲望，只是想试探性地询问一下是否能够给予优惠。面对这类买家，客服人员要做的是巧妙地拒绝，引导买家多购买产品。客服小春与球球就是这样做的，在面对买家的讨价还价时，小春告诉买家这是最实惠的价格，并且可以享受满就送的优惠；球球在表示这是最低价格的同时，还给买家提供了一个优惠套餐的链接，从而绕开了买家的讨价还价。客服人员要巧妙应对允诺型讨价还价的买家，如此不但能够让买家接受价格，还能多卖产品。

技巧点拨

技巧一：强调已经是最低价格

对于这种已经确定要下单的买家来说，即使客服人员直接拒绝他们讨价还价的请求，他们依然还会拍单。所以，客服人员可以直接强调现在的定价已经是最低的价格，也是最实惠的价格。

技巧二：引导买家多购买商品

当买家提出能否降价时，客服人员可以转移这个话题，不直接谈论产品本身价格的问题，而是善于引导，引导客户多买些宝贝，具体方式是趁机介绍套餐或者店铺活动，这样就既能应付了买家的讨价还价，又让买家多购买商品。

情景53　其他店铺便宜

情景再现

买家：你家的这款鞋子真的不能再便宜了吗？

客服丽丽：亲，这是最低的价格哦，我们很难再让价了。

买家：我比较了几家的店铺，就你家的价格高，你就便宜点儿吧？

客服丽丽：亲，我不知道别家店铺这款鞋子的价格，对其他店铺的这款鞋子是不是正品也没有做过调查。我们只能保证我们家这款鞋子是正品。现在淘宝上以次充好、以假乱真的现象普遍存在，亲，一定要擦亮眼睛哦，宁可多花一点钱，也要买到正品，您说呢？

买家：你说得有道理，看你家的这款鞋子贵，我也感觉是正品。

客服丽丽：绝对正品，亲可以放心，另外，我们还有很完善的售后服务哦，可以帮助您解决一切售后问题。

买家：好，我拍一个。

情景分析

在网购的过程中，还有一类买家喜欢对比，具体的表现方式是：谁家这样的东西都比你这个便宜，你便宜点吧？这类买家在购买商品的时候，已经做过了仔细的比较，经过比较之后，他们还会更青睐“贵一点”的。这符合消费者的心理，面对同一个产品，他们往往会关注贵一点儿的，他们认为贵的就是正品，就是质量好的。他们关注“贵的”，但是又担心买贵了吃亏，所以才会跟客服人员讨价还价。客服丽丽遇到的就是这么一个买家，面对这样的买家，丽丽强调自己家的产品是绝对的正品，并且告诉了买家出现价格差别的重要原因，从而坚定了买家下单的决心。身为淘宝客服人员，在面对这类买家的时候，要懂得通过取得其信任感的方式促使其下单。

技巧点拨

技巧一：强调产品是正品

对比型买家之所以会钟情于贵的，并且会讨价还价，就是因为他们认为贵的才是正品，质量才有保证。客服人员要做的就是增加买家的信任感，坚定其购买的决心。要达到这样的效果，就要强调自家的产品是正品，并且还要以“淘宝上以次充好，以假乱真”的现象来帮助买家认清现实，从而坚定他们拍单的决心。

技巧二：引导买家关注服务

在强调产品是正品后，并不能彻底坚定买家下单的决心。客服人员要做的是告诉买家价格不是唯一应该考虑的因素，还应该关注商家的服务。客服人员要和买家保证，自己家的服务是高质量的，是很完善的。

情景 54　不便宜就不拍了

情景再现

情景一：

客服青青：美女，这款香水不能再便宜了哦！

买家：就我说的价格啦，卖的话我现在就拍，不卖我就不拍了。

客服青青：亲，这样的价格也开得出来，我真是好佩服你哦。如果您一定要走，真是非常遗憾，我只能跟您说拜拜了。（鄙视表情符号）

买家：说话好难听啊！拜拜就拜拜，淘宝店又不止你一家。

情景二：

买家：真的不能再便宜了吗？

客服柔柔：亲，很抱歉，很难再便宜了。

买家：便宜点儿我就拍，不便宜的话我就去别家了。

客服柔柔：亲，您说的这个价格我们无法接受啊，邮费我都挣不了您的。不如这样，您拍单我送您一份礼物吧，本来是满99元才送的，今天我做主送给您了，还请您多为小店做宣传。

买家：好，我拍了。

情景分析

扬言“不便宜就不拍的买家”是典型的威逼利诱型买家，客服人员在遇到这样的砍价买家时，不要慌。这部分买家中的大部分并不是真的想走，而是不想买贵了吃亏。在面对这类买家的时候，客服青青没有做到冷静面对，而是冷嘲热讽，激怒了买家；柔柔的处理方式却是非常正确的，她始终都在主导着买家的思维，并通过送礼物的方式守住了价格的底线。客服人员在应对的时候要保持足够的冷静，不要被牵着走，要坚定自己的价格。

技巧点拨

技巧一：价格金额相差小承诺送礼品

买家在砍价的时候，砍价的幅度是不一样的，一些买家砍价的幅度不大，是店家可以接受的范围。面对这种状况，客服可以在坚持不降价的同时，采取承诺送礼品的方式。比如“亲，这个价格真不可以，但是我可以送您一份小礼物。”比如，“亲，这个价格我们不能接受，这样吧，我们店 3 元以下的宝贝您任选一个，我把它送给您。”这样说的好处是在拒绝买家后，可以让买家找到心理平衡，从而促使其下单。

技巧二：价格相差大强调质量

一些买家在砍价的时候，喜欢猛砍，砍下来的价格让店铺难以接受。面对这样的买家，不能冷嘲热讽，要以温和的态度告诉买家价格确实不能再降，并强调商品的质量是绝对有保证的，是一款性价比高的产品。比如，客服人员可以说：“亲，依照你的价格，我们就赔本了，您手下留情啊。这款产品我们都是严格控制品质的，质量方面我们绝对可以保证。”

情景 55　求求你便宜点儿吧

情景再现

情景一：

买家：这款手机有点儿贵，给我便宜点儿吧。

客服阿宽：亲，这款手机是我们能给的最低价格哦！

买家：我还是学生呢，求求你给便宜点儿啦！

客服阿宽：现在淘宝的竞争非常激烈啊，我们现在销售的价格基本上都趋近于成本价了。其实我也理解你，还在上学，没有钱，但是我们也不容易啊，咱们就不要再彼此为难了，亲再砍价的话，这个月我们就要以泪洗面了，理解一下好吧？

买家：是啊，干什么都不容易，我拍一单。

情景二：

买家：这款化妆品给咱便宜点儿呗。

客服小庄：亲，这款化妆品不讲价哦！

买家：我刚参加工作，吃饭都很困难，求求你给便宜点儿吧。

客服小庄：亲，咱们是小本生意，利润已经降到最低了，再便宜我就只能喝西北风了。

买家：那好吧，本来就没打算能砍下价来，我拍单。

客服小庄：谢谢亲的理解。

情景分析

在讨价还价的过程中，会有一些想通过博取同情来砍价的买家，这类买家就是博取同情型买家，这些买家常常会说自己是“学生”“刚参加工作的人”，以手头拮据来博取客服人员的同情，从而达到砍价的目的。面对这类买家，客服人员要把握的原则是让买家明白自己也很可怜，也很不容易。客服阿宽与小庄就是这样做的，在面对买家的讨价还价时，他们都在诉说生意难做，不能降价，最终取得了买家的谅解，成功促使他们下单。

技巧点拨

技巧一：声明自己利润低

很多博取同情的买家在讨价还价时都会以自己收入低为借口，面对买家的这种砍价方式，客服人员要告诉买家自己是小本生意，利润很低，并且要把这种利润低的程度形象地表现出来，比如，“再便宜就只能去蹭饭吃”“再便宜就只能倾家荡产”，等等。总之要把自己家商品的利润之低形象表现出来。

技巧二：声明自己权力有限

如果声明利润低的方式不能取得好效果，客服人员要表现出自己的无奈。客服人员可以告诉买家，自己仅仅是小小的一个客服，没有改价格的权限；并且告诉买家如果自己改价，很可能会被炒鱿鱼。如此，就能赢得买家的谅解。

情景 56　产品有瑕疵

情景再现

情景一：

客服小任：对不起亲，这款宝贝不能再降价了，这是我们的底线。

买家：这件宝贝其他的什么都好，就是色彩有点儿不入流，你看能不能给便宜点儿？

客服小任：亲，您说的这点可能有错哦，紫色是永远都不会过时的颜色，可能是亲不喜欢紫色的吧，我们这款宝贝还有其他的颜色哦，亲可以放心购买，只是价格确实不能再低了，请亲理解。

买家：那我就看看其他颜色的。

情景二：

客服小徐：美女，这是这款手机的最低价格！

买家：听说这款手机容易黑屏，有这样的缺陷还不给便宜点儿？

客服小徐：亲说的是这个品牌手机的一代产品吧，现在已经是第三代了，您说的那个缺陷完全不存在哟。亲可以放心购买，但是价格确实不能再便宜了，希望亲理解。

买家：好，咱拍一个。

情景分析

客服人员在与买家沟通的过程中，经常会遇到一些武断型的买家，这些买家会武断地说出产品有瑕疵，来达到砍价的目的，即便商品是完美的，他们也会找出一些缺点来作为讨价还价的筹码。客服人员要积极应对这样的买家，并坚守住自己的价格底线。客服小任与小徐就是这样做的，面对买家说出的产品瑕疵，他们都积极说出产品是没有瑕疵的，并且价格是合理的。如此，就打消了买家讨价还价的做法，并最终选择拍单。客服人员要善于利用合适的方式来应对买家拿产品质量说事儿以达到砍价目的的情况。唯有如此，才能成功促使买家下单。

技巧点拨

技巧一：善于纠正买家提出的产品瑕疵问题

很多时候，买家为了达到砍价的目的，常常会想尽办法挑出产品的瑕疵，即使这种瑕疵听起来是可笑的。在遇到这样的状况时，客服人员不能嘲笑买家，要诚心诚意纠正买家提出的所谓的商品“瑕疵”。如此，就能堵住买家的这种借口，接受商家规定的价格。

技巧二：坚守价格底线

面对买家的讨价还价，客服人员要做的是坚守价格的底线。在纠正买家提出的产品缺陷后，客服人员还要告诉买家，公司已经对整个产品进行严格把关，品质上有保证。同时，还要告诉买家价格是不能变动的，说的时候态度可以表现得坚决一点儿。

情景 57　多件商品要打折

情景再现

情景一：

买家：这套茶具真的不打折吗？

客服正正：不好意思啊，亲。这件茶具是特供的，不支持打折哟！

买家：你就给我打个折吧，如果打折的话我拍两套。

客服正正：说实话，亲，两套我们也是没有办法打折的，不过倒可以送您一些礼品。如果亲拍两套，我们可以赠送您一个价值五十元的品牌大礼包，亲可以考虑考虑哦。

买家：这样啊，我可以拍两套，一套送人，一套自己用。

情景二：

买家：这个宝贝我多拍几个，您就给我打个折吧。

客服唱唱：亲，多拍几个我们也不能打折哦，只能送您一些礼品，如果您真想享受打折优惠，可以选择拍包括产品在内的成套产品，我们会给您打九折。亲可以考虑一下哦！

买家：那我就成套的拍吧，反正这些配件早晚也得买。

情景分析

客服人员在与买家沟通的时候，经常会遇到一些买家通过购买多件产品的方式来要求打折，这类要求打折的买家是很难应付的。买家购买多件产品要求打折是可以理解的，也是在情理之中的，客服人员要根据自己店铺的规定灵活做出应对，能拒绝就拒绝，能接受就接受，要以做到利润最大化为准则。客服正正与唱唱在应对这类买家的时候做得就非常出色，他们选择的策略是送大礼包与推销套装。最终这种沟通方式取得了良好的效果，实现了店铺利润最大化。

技巧点拨

技巧一：积极引导买家多拍产品

客服人员要善于应对购买多件商品要求打折的买家，在面对这些买家时，客服人员要懂得引导买家多购买商品。积极引导的方式可以是划定几件商品以上打折，同时客服人员还可以以捆绑销售打折的方式来引导买家。如果条件足够诱惑，买家是没有理由拒绝的。

技巧二：不能打折要明说

如果店铺规定购买多件产品也不能打折，就要明确告诉买家。可以对买家说价格是全国统一价，是不能随便更改的。不管怎么说，最关键的是要明确表现出自己的态度，不能含糊其辞。这样的做法只适合品牌产品，比如价格进行全国公示的品牌手机、品牌电脑、品牌手表等。对于小商品，小店铺来说，是完全没有必要这样做的。

情景 58　老顾客优惠点儿

情景再现

买家：我可是你们店铺的老客户了，前几天就在你们店里拍了一台冰箱，现在我还想拍一台彩电，怎么样，给便宜点儿?

客服兰兰：哦，原来是老主顾啊，感谢您对小店一如既往的支持，我们将会为您提供最优质的产品和服务。

买家：能给我打个八折么?

客服兰兰：不行啊亲，这样卖我们不但不会赚钱，还会搭一部分成本进去。既然您是我们的老顾客，那您肯定对我们的店铺非常了解。我们店铺库存量大，可以随时提供给顾客现货。我们店铺出售的产品质量都非常好，并且如果在一个月内你觉得不满意，还可以退换哦。再说价格方面，您买彩电买的是一种放心，您的一生能买几回彩电？相信您也不会在乎那几百块钱吧?

买家：你说得很对，买家电就要买质量高的。

客服兰兰：对对对，鉴于您是老顾客，如果您今天拍单，我会送您一个价值200元的配件礼包哦，里面包括插板、电池、电视清洁剂等产品。

买家：好好好，我马上拍。

情景分析

在讨价还价的买家中，有一类人是最难应对的，那就是老顾客。老顾客买东西“讨价还价”是常有的事，在所难免。本来自己利润就不高，老顾客还要砍价，答应吧，赚不了钱，不答应吧，可能会得罪老顾客，甚至会失去一个老顾客。要想在讨价还价中自己“不受伤”，又不“伤着”顾客，并且能让老顾客在不讨价还价的情况下拍单，客服人员就要掌握一定的沟通技巧。客服兰兰应对买家的技巧就非常出色，她从产品质量出发，对买家进行了循循善诱的劝导，最终达到了理想的效果。所以，客服人员要掌握好应对老顾客讨价还价的技巧，这样才能既不得罪老顾客，又能促使老顾客下单。

技巧点拨

技巧一：突出产品本身的优势

产品自身的优势是能够吸引老顾客的一种利器，也是让他们不再讨价还价的利器。客服人员在与买家沟通的时候要突出产品本身的优势，比如说，产品有一流的加工制造工艺水平，质量有保障；有独特的卖点，竞争力强；零售价格适宜，等等。

技巧二：把降价转化为其他优惠

既然是老顾客，不能在其拍单的时候给予其一定的优惠，是很难让老顾客满意的。客服人员如果坚持不降价，同时又想不得罪老顾客，就要给予老顾客一些其他方面的优惠，比如赠送礼品、拍单返现等。这样就能转移老顾客讨价还价的注意力，促使他们下单。

下 篇

电话销售拒绝处理

第一章
客户电话中直接拒绝

情景59　我不需要投保，我向来讨厌保险

情景再现

销售员："你好，我是芮西，×× 保险公司的销售员。"

客户："哦，对不起，我不需要投保，我向来讨厌保险。"（拒绝）

销售员："能告诉我为什么吗？"

客户（忽然提高声音，显得有些不耐烦）："讨厌是不需要理由的！"

销售员："听朋友说您在这个行业做得很成功，真羡慕您。如果我在我的行业也能做得像您一样好，那真是一件很棒的事。"

客户（态度略有好转）："我一向是讨厌保险销售员的，可从接到你电话的那一刻起，我感觉你一直在对我微笑，是这

样的吗？好吧，你就说说你的保险吧。”（事实也如这位客户所感觉的那样，这位业务员从拿起电话时就一直保持微笑）

情景分析

故事中的客户并非真的讨厌保险，而是不喜欢销售员。看到问题的实质后，事情就好办了。在接下来的交谈中，这位销售员始终注意在与客户的电话交谈中保持微笑，因为她知道微笑是可以通过电话传递给客户的。正是基于这一点，彼此开始愉快地交谈。

技巧点拨

微笑着打电话是让别人感觉良好的有效方式，能给你们的谈话营造一个积极的谈话氛围。即使对方看不见，也会被你欢快的语调所感染。

微笑对于客户来说，是一种温暖，是一种鼓励，客户会被电话销售员的微笑感染，从而接受商品。

情景 60　你以后不要再打电话给我了

情景再现

有一名做咨询方面业务的人员曾经和一个客户电话联系了

3 个月时间，在一次打电话介绍最近的一次课程时，对方很粗暴地说："你以后不要再打电话给我了。"

挂断电话之后，业务员觉得很委屈，但是他完全相信要告诉客户的这个消息能让客户更好地规划自己，并且让客户活得更加轻松、更有目标一些。

当他这样想的时候，又一次拿起电话给客户打过去。他说："您刚才挂了我的电话，我打电话只是为了告诉您这样的一个消息，我不知道到底做错了什么，让您这样生气，如果打扰了您，我向您表示道歉。"

客户很不好意思地也向他道了歉。

情景分析

客户的利益是商务沟通的行动指南，任何一个渴望成功的电话销售人员，一定不要忽略和客户一起思考他的利益。

"体贴对方的心，为对方设身处地地想"往往是商业的必胜秘诀。你是否也用对待自己的心对待别人呢？人与人交往就如同站在一面大镜子前，你动右手，他也动右手；你哭他跟着哭，你笑他也对你笑。而电话销售亦是如此，你的表情虽然对方看不到，但是由声音就可以听出诚意。因此，打电话时，不但要想到自己，也要站在对方的立场上为对方想一想，考虑一下再打，这是很重要的技巧。

技巧点拨

真正的体贴对方并不是一味恭维，说好听的话，而是真正站在对方的角度去想问题。例如，当你接到一通电话，客户是在外县市，或许他已经在暗示这通电话不能讲太久，请你快点查询货物的数量及价格，像这种需花很多时间去查资料又是长途电话的，应该确定对方的电话号码，给予正确查资料的时间，再询问："过 10 分钟后，是否要我打过去？"必要时，由这方拨过去。

如果对方表示不要紧，则应先道谢并且尽量把握时间，尽快结束谈话。

虽然，这只是一件小事，但你的关心询问，会令人听起来非常舒服，可以加深对方对你的好印象。

因此，在电话销售沟通中，一定要努力让自己的每一位客户相信自己所说的和所做的都只是在为他们提供服务，帮助他们解决困难的问题。一流的业务员和一流的沟通者都知道，要说服一个人去做他不愿意做的事是很难的，但是要他去做他愿意做的事却很容易。你只要能站在对方的立场上思考问题，找出双方认同的观点，然后自然地引导他，你就能让他做本来不愿意做的事。

情景61 什么卡，什么事儿，我不需要

情景再现

情景一：

小李："不好意思，打扰一下，请问是孙经理吗？"

孙经理："是的，有什么事？"

小李："是这样的，孙经理，实在不好意思打扰您，我是××旅行公司的小李，我想请问一下您以前有没有使用过××旅行优惠卡住酒店？"

孙经理："什么卡？什么事情？快点说，我还有事要办。"

小李："非常抱歉，孙经理，我们的旅行优惠卡是方便您在全国各地坐飞机、住酒店时享受打折的。"

孙经理："我们不需要。"

小李："没关系，谢谢您，不好意思，打扰您了，再见！"

小李放下电话，也许心里会想，我打电话这么有礼貌，你居然对我那么冷漠，小李一直在抱怨孙经理的不对，却不从自己身上找原因。

其实小李完全可以以下面的沟通方式获取成功。

小李："您好，请问是孙经理吗？"

孙经理："是的，什么事？"

小李："您好，孙经理，我是××旅行公司的小李，今天给您打电话最主要是感谢您对我们公司一直以来的支持，谢

谢您！”

孙经理：“这没什么！”

小李：“为答谢老客户对我们公司的支持，我们公司特别推出一种优惠卡，它可以使您在以后的旅行中不管是住酒店还是坐飞机，都有机会享受优惠折扣，相信这张卡一定会为您的旅行带来方便与更多的优惠。”

孙经理：“好的，我可以考虑一下。”

情景二：

小刘：“您好，是孙经理吗？”

孙经理：“我就是。”

小刘：“太好了，真高兴能与您本人通话。”

孙经理：“你是哪一位？”

小刘：“我是××公司的销售主管小刘。我们公司是专业提供管理培训资源的教育企业。”

孙经理（不太友好）：“你找我有什么事吗？”

小刘：“总经办的人对我说，您是负责员工培训的领导，那么您一定关心培训的事。我打电话给您，就是想谈谈如何更好地进行培训。可以占用您一点儿宝贵的时间吗？”

孙经理（转变态度，稍微友好）：“上期的培训刚刚结束，目前生产比较紧，一时还抽不出时间进行培训，所以短期内不会再组织培训了。”

小刘：“贵公司如此重视培训，这太好了。看来贵公司在这方面做了不少工作。我了解了一种新的培训形式。”

孙经理：“哦？”

小刘：“这种新的培训形式既不影响工作，又能让员工通过培训提高工作能力，而且成本非常低。它一定对您的工作大有帮助。”

孙经理（有兴趣）：“那好，你给我介绍一下吧！”

情景分析

初次与客户联系时，应使对方明白产品的价值，明白他们是这项事务的受益者，并让他们参与进来。

许多人一拿起话筒便抛出一句惯常的用语“您好”，如果是日常交谈，这样开始还可以，但是如果你想给对方留下深刻而持久的印象，你就必须避免老套，别出心裁。

小刘和孙经理的开场白，不但把开场白所应该包括的要素清楚明白地传达给了客户，并且能够激发客户的好奇心，使谈话继续深入下去，可以说这是一次成功的开场白。

技巧点拨

开场白要达到的主要目的就是吸引对方的注意，引起他的兴趣，以使他乐于与营销人员在电话中继续交流。所以，在开场白中陈述价值就显得很重要。所谓价值，就是要让客户明白电话营销人员在某些方面是可以帮助他的。研究发现，再没有比价值更能吸引客户注意力的东西了。陈述价值并不是一件容易的事情，电话营销人员不仅要对其所销售产品或服务的普遍价值有研究，还要研究对这个客户而言价值在哪里，因为同一产品和服务对不同的人，价值体现是不同的。

下面两种开场白就会给人不同的印象。

开场白一："贝尔太太，您好！我是杰克。我代表'母亲反酒后驾车'机构向您致电。您是否有意捐助我们的事业？"

开场白二："贝尔太太，您好！我是杰克，为了您和您的孩子，我们'母亲反酒后驾车'机构致力于把公路变得更安全，我们需要您的帮助。"

很显然，第二种开场白更容易让人接受，能迅速使对方明白他们是这项事业的受益者，并使他们参与进来。

在电话销售沟通过程中，客户不喜欢浪费时间去听一些和自己无关的事情，除非这种电话让他们得到某种好处。因此，开场白一般要包括三个方面的内容：我是谁或我代表哪家公司、我打电话给客户的目的是什么、我公司的服务对客户有什么好处。

另外，吸引对方注意力的办法还有以下几种：

（1）陈述企业的与众不同之处，如"最大""唯一"等。

（2）谈及刚服务过的其他客户，如"最近我们刚刚为 ××× 提供过销售培训服务，他们对服务很满意，所以，我觉得可能对您也有帮助"。

（3）谈他所熟悉的话题，如"最近我在报纸上看到一篇您写的文章”。

（4）赞美他，如“我听您同事说您在××领域很有研究，所以，也想同您交流一下”。

（5）引起他对某些事情的共鸣，如“很多人都认为电话营销是一种有效的销售方式，不知您如何看（假如知道他也认同这一点的话）”。

对不起，我很忙，直接拒绝电话推销

第二章 客户电话中存疑间接拒绝

情景 62　我现在在开会

情景再现

销售人员："您好！李总，我是 ×× 公司的王 ××，我们公司最近开发出一款新产品，不知道您感不感兴趣？"

客户："噢！我现在正在开会。"

销售人员："我只占用您两分钟时间，简单介绍一下我们的产品。"

客户："这个……我们的会议很重要，开完会再说吧！"

销售人员："我想，这个产品对你们公司很重要。我还是给您简单介绍一下吧！"

客户："不用了，我们不需要。"

说完，对方"啪"的一声就挂断了电话。

情景分析

这显然是一次失败的电话沟通，原因就在于这位销售人员事先没有做好充分的准备，没有对意外的情况做出有效的预测。例如，当你打电话给客户时，如果客户正在开会，你应该怎么办？是说完要说的话呢，还是与客户约时间再谈？这一问题的关键在于你的风格、客户与你的关系以及客户的类型。但无论如何，你得有所准备，否则，你可能会既想说，又觉得不合适，在电话中吞吞吐吐、欲言又止，无法达到目的。

另外，对于客户可能会问的一些问题如果准备不充分，可能到时就会被客户问得哑口无言、不知所措。这样不仅会增加自己的紧张感，还会影响正常的工作心态，同时也会让客户对拜访人员的专业程度产生怀疑，这同样十分不利于目标的实现。

在与客户进行电话销售沟通时，什么情况都可能发生，因此要做好充分的准备。

技巧点拨

在电话销售沟通以前，尽量把可能发生的情况都想到并做好充分的准备，这样才能使整个沟通过程顺利进行。

第一，设想电话中可能发生的情况并做好准备。

例如，对于前面提到的案例，我们可以设想可能发生的事情，并做好应答的准备。若第一个电话就是客户接的，就准备与客户沟通；若电话需要转接，要对他人有礼貌，并说是约好的；若客户不在，可以问清楚什么时候回来，再打过去；若客户在开会，可以再次约时间，再准备打过去……

第二，设想客户可能会问的问题并做好准备。

例如，还是上面的案例，我们可以设想一下客户会问什么样的问题，做好回答的准备。他也许会问：

“你们有没有这样的产品？”

“你们的服务怎么样？”

“价格是多少？”

“什么时候能送货？”

“如果产品出现质量问题怎么办？”

……

这就需要你对自己的产品有充分的了解，掌握相关的资料，做好准备。这样才不会到时手忙脚乱。

第三，准备好可能需要的信息资料。

有时客户提出来的问题往往与公司、产品或服务、行业、竞争等有关，如果这些信息太多，而且变化太快的话，一般人是很难完全记下来的。通常情况下，做电话沟通之前要把这些信息制作成表格，这样在需要的时候随手就可以拿出相关资料，回答客户的问题。

总之，电话销售沟通是一个有计划、有目的的行为，同时也是一个灵活多变的沟通方式。它的计划性、目的性与它的灵活随意性同等重要。

情景 63 你有什么事儿

情景再现

推销员小张所在的单位要组织一场总裁交流研讨会，于是，他便给客户打电话邀请他们来参加。

电话一接通，对方便问："你有什么事儿？"

小张便跟客户讲："张经理，您好！我们单位将举行一场总裁交流研讨会，届时会有各行各业的企业家、经理、老板参加，今天给您电话是希望您也能参加，一共两个名额，您可以带副总一起过来。您看，我给您登记上吧？"

……

情景分析

在跟客户打电话的时候，当电话接通时，对方往往都会问："你有什么事儿？"这时候，推销员所回答的便是很关键的。这句回答是后面能否顺利交谈的重中之重。小张的这句回答便很合理，小张首先表明是干什么，然后再表明业内很多企业家也来参加，很多企业老板都会借此想跟其他老板在一起沟通交流，所以这句话在这个情景推销中很重要。最后小张又说到，可以来两个人。这样也是蛮好的，免得企业老板一个人出行，很尴尬，有事儿也方便照应一些。

技巧点拨

电话销售中，推销员要注意的是语速要慢，吐字要清晰，一定要让客户能听清。此外，还得把事情表达清楚，一两句简单通俗的话对方就能理解。

一般电话销售要有一个开场顺序，电话一接通，首先要自报家门，介绍自己以及公司，接着讲明打电话的原因和目的，告诉客户自己要跟客户说的这个能带给客户的利益以及好处，最后是进行面见和邀请。

打电话之前一定要事先想一下，让你的谈话要能激起对方的兴趣。

这里说三点值得注意的：

（1）在电话销售中要避免用“您方便来吗”“您有时间过来吗”这样的问话。要说“您看我给您登记上吧！”让对方直接做出肯定的回答。

（2）或者说一些让对方做二选一的，如：“你是一个人来还是和副总一起过来？”这样的话，无论客户做哪个选择，都是我们销售人员想要的答案。

（3）在电话邀请销售中，客户一般很看重都会有哪些人来参加，所以，在沟通中如果有一些知名的企业家要来，一定要告诉客户。

情景64 你怎么知道我电话

情景再现

小王在打电话推销的时候，对方一接通电话，便有点反感，还没等小王说完，对方直接就问："你是怎么知道我电话的？"

小王感觉到对方对这种电话推销员很反感，便非常诚恳地说："我是通过某某朋友那儿知道您对茶叶很有研究的。您放心，我是不会泄露您的个人信息的，另外我也不会没事儿就给您去电话的。今天特意给您打电话，是想要去拜访您一下，顺便给您带点我们公司今年的龙井茶，让您品尝一下！"

……

情景分析

在电话一接通的时候，对方立即问："你是怎么知道我的电话的？"这句话表明，客户肯定是接到过很多很多的推销电话，对推销员没有什么好印象了，甚至很反感。小王也在第一时间发现了这个问题，便很诚恳地说："我是通过某某朋友那儿知道您……。"另外，为了怕客户担心他的个人信息被泄露，甚至怕客户担心自己总去骚扰，小王紧接着又说："我是不会泄露您的个人信息的，另外我也不会没事儿就给您去电话的。"这样一句话也就消除了客户的顾虑。

技巧点拨

（1）当客户表示疑虑或者有反感情绪流露时，推销员的回答一定要注意语气，说话要诚恳。

（2）如果是通过介绍人知道对方的联系方式的，一定要如实把介绍人的信息说出来，这样客户往往因为介绍人的这层关系不会拒绝。

（3）当对方有疑虑的时候，还可以用赞美的方法让对方消除疑虑。没有人不喜欢赞美的话语，所以，你可以说："久闻您的大名，或者早就知道您在这方面是专家了。"类似这样的话，客户一听是夸赞自己，就会对你产生好感，进而推销就容易了。

情景 65　你是……

情景再现

情景一：

钟小姐拿起响着的电话，听筒另一端传来声音："嗨，您是钟小姐吗？"

钟小姐："你是……"

销售员："您好，我是雷佛汽车公司的苏西。"

钟小姐（犹豫了一下）："喔。"

钟小姐不想和他继续谈话，便挂断了电话。

情景二：

电话铃响了，钟小姐拿起听筒。

钟小姐："喂？"

销售员："嗨，您是钟小姐吗？"

钟小姐："你是……"

销售员："钟小姐，我是雷佛汽车公司的苏西，你妹妹蓓琪让我打电话给你。"

钟小姐："喔，嗨！"

情景分析

不管你打电话的技巧有多么高明，不管你在潜在客户身上下了多少功夫，不管你的商品和服务多么棒，这一切很多时候全比不上别人的推荐来得有效。你或许能借潜在客户的朋友、亲戚、生意伙伴，甚至他老板的名义，将自己介绍给他。有了熟人介绍，你就跨入了销售成功的门内，赢得了客户的注意和信任。

客户推荐很大程度上能促使潜在客户的出现，因为客户很少会介绍对你的商品完全不感兴趣的人给你。

技巧点拨

一般情况下，由老客户推荐的交易成功率大约是 60%，远远大于销售人员自己上门推销的成功率。可见，被推荐的客户对于销售人员来说多么有价值！如果销售人员能学会成功地获得推荐生意，那么就能成功地编织出一张“客户网”。

并不是每个客户都会为你介绍一个甚至几个客户，所以必须对客户区别对待，以便自己今后能得到更多的推荐客户。这就需要推销员具有敏锐的洞察力，能在很短的时间里发现哪些客户是可以带来更多效益的客户。那么，到底什么样的客户才有能力推荐新客户呢？

一般而言，这样的客户具备以下特征：

（1）有一定的社会地位，说话有一定的分量。例如一个有名望的人，他说话总会有人效仿，他穿的衣服、用的车子也总会有人跟着买同样的，假如他再推荐就更会有人买了。假如是一名普通客户，他说的话虽然对，但其他人听了不会往心里去，甚至只会当作耳边风，不会当回事。所以，应该把目标客户定位在高端客户，花大力气维护；至于普通客户保持正常的联系就可以了。当然，推销员可能刚入行，没有机会接触高端客户。这个没有关系，新手可以从有一定影响力的客户那儿开始，逐渐拓展客户群，相信会越做越好，最终成为销售界的佼佼者。

（2）拥有一个热心肠。社会上有很多古道热肠的人，他们非常乐意协助年轻人成长。如果推销员能够争取到这些人的帮助，生意会更加顺利。

目标客户找到了，该怎样做才能赢得客户的推荐呢？

首先，需要赢得这类客户的赞赏。他们之所以肯义务宣传，是因为他们比较欣赏推销者的为人，知道他对客户认真而热情，不会对客户耍花招欺骗他们。所以，一定要先做人再做事，“得道者多助，失道者寡助”！如果推销人员能给客户诚恳、勤勉、敬业的印象，赢得他们的赞赏，让他们做宣传便是迟早的事。

其次，推销员在与客户联络感情的时候，要注意联络的方式。要经常联络客户，以便让他们对自己有更加深刻的印象。还要注意，不要太过频繁，最好保持一星期见一次面，这样不仅联络了彼此的感情，而且可以让客户有足够的时间收集新的客户信息。

最后，尽可能地向客户提供方便，以便互惠互利。

当客户介绍一个客户之后，不管是否成交，都要懂得向介绍的人表示感谢。不过必须注意回报的方式要巧妙。回报客户的方式不要千篇一律，对不同的客户要选择不同的回报方式，手法要自然巧妙一些。

情景 66　对不起，我很忙

情景再现

情景一：

销售人员：“张经理吗？”

客户：“对，我是。”

销售人员：“我可以跟您谈一下产品宣传的事吗？”

客户：“你哪里？”

销售人员："哦，张经理，我是北京容义广告公司的李明。我们公司能提供各种产品的广告定位，也了解本地区各种产品的分配渠道，我们还有跨国广告业务的经验，对于你们这类生产高质量产品的公司，我们的广告创意一定会使你们的广告有一个满意的回报。"

客户："嗯。"

销售人员："我们可以约个时间拜访您吗？我们可以针对你们的产品，提出最经济而有效的广告方案。"

客户："算了吧。"（挂断电话）

情景二：

销售人员："您好，请问是于总吗？"

于总："是的，请问什么事？"

销售人员："于总，您好，我是 ×× 公司的小李，我们是专门做网站建设的，今天下午我刚好要经过您公司那边，想顺便过来拜访一下您，您觉得方便吗？"

于总："对不起，我很忙，没时间。"

销售人员："那您觉得什么时间方便呢？"

于总："这就很难说了，以后再说吧！"

销售人员："那好吧！以后再联系，谢谢！"

情景三：

销售人员："于总，您好，我是 ×× 公司的小刘，有个事情想麻烦一下您。"

于总："什么事情？"

销售人员："如果我告诉您之后，请一定不要怪我，行吗？"

于总："你说吧！"

销售人员："我偷了您的东西！"

于总："哦？什么东西？"

销售人员："智慧！"

于总："我们才第一次交谈，你怎么就偷了我的智慧呀？"

销售人员："通过网站，在贵公司网站上我看到了于总您成功的秘密！"

于总："是吗？什么秘密？"

销售人员："用世界首富比尔·盖茨的话说就是'眼光独特'。在没有给您打电话之前，我已经在贵公司网站上了解到，于总您的眼光真的很独特。我相信贵公司在未来几年时间内一定会更加壮大。"

于总："过奖了，谢谢。"

销售人员："于总，请教您一个问题可以吗？"

于总："说吧。"

销售人员："请问，您打算把您的企业作为一辈子的事业来经营吗？"

于总："我想应该是的。"

销售人员："那请问，您觉得如果企业要壮大，宣传工作重要吗？"

于总："肯定重要。"

销售人员："那么，于总，请问您现在一般是采用哪些渠道进行宣传呢？"

于总："主要是户外广告和网站。"

销售人员："这两个渠道的确都不错，于总，我告诉您一个好消息，但听完之后，您一定要答应我的一个请求，好吗？"

于总："先说说是什么好消息？"

销售人员："如果我现在有一个方法能很快地扩大贵公司的知名度，并且费用很低的话，您是否考虑面谈一次呢？"

于总："是吗？你先在电话和我讲一下。"

销售人员："我非常愿意在电话里告诉您，但在电话里介绍恐怕不容易说清楚。我希望能有机会现场演示给您看，这样您的印象就会更深。"

于总："好吧！"

销售人员："那您觉得我是明天上午过去方便一些，还是明天下午？"

于总："上午吧！"

销售人员："几点呢？"

于总："十点以后吧！"

销售人员："好的，于总，我十点一定赶到，谢谢您。"

于总："好的。"

销售人员："祝您工作顺利，再见。"

情景分析

情景一和情景二中客户是不是很不给销售人员面子？其实面子不是客户给的，而是销售人员自己挣的。

应该知道，每天客户都会接到不止一个推销电话的打扰。所以，情景一和情景二的这种程式化、没有一点创意、新鲜感和幽默感的推销电话，肯定会遭到客户的拒绝。

销售人员要想不被当场回绝，就要在这一时段把客户漫不经心的注意力变得越来越集中，让客户对你陈述的事实产生兴趣。在陈述阶段，对客户进行意向性的试探，要用各种方法，发展客户的兴趣和欲望。

同样一件事由于说法的不同，产生的效果也有天壤之别。上面情景的对比让我们深刻体会到了这一点：富有创意的语言可以激发客户与你交谈下去的兴趣；平淡无奇的语言，只能导致客户拒绝你，从而中断你们之间的谈话。

在平时的电话沟通中，要不断锻炼自己语言的创意，相同的事试着换一种说法去表达，也许你会得到意想不到的收获！

技巧点拨

在与客户的电话沟通中，应不断锻炼自己语言的创意，相同的事试着换一种说法去表达，它会使你成功地越过沟通障碍。

作为电话销售人员的你如果能让自己的语言富有创意，你的电话沟通就会更容易进行下去。每个业务员都应该明白这一点。光明白不行，还一定要用心去做，现在请你以某报纸的广告业务员身份去电话预约一位公司的广告负责人，说服他在该报上做广告宣传。

情景67　对不起，我没时间

情景再现

销售人员：“李先生，您好，上次给您送的保险资料都看过了吧？”

客户：“看过了！”

销售人员：“有没有什么具体的问题，我能否帮您呢？”

客户：“不用，我基本了解了。我现在挺忙，等有时间我再给您电话，可以吧？”

销售人员：“保险主要保的就是意外，如果您特别忙，说明经常在外，安全系数就比较低，如果投保了，对家人总是一种安慰，您说呢？”

客户：“我知道，现在不说了，我还在开会，确实太忙，我一定给您电话的。”

销售人员：“我们上门，一点都不麻烦，只要5分钟。5分钟如果可以获得一个妥当的保险还是很值得的，您先忙，我们候着您。”

客户："不行呀，这个会完了立刻就要走。"

销售人员："我知道您肯定特别忙，不然您就给我电话了。我这个电话的意思是，我们 ×× 保险有一个精神，那就是不能由于客户忙而耽误了客户感兴趣的保险，不能由于您忙而让您无法享受我们的优质服务，这样，我们约一个时间，我过去。"

客户："您过来呀？我还在开会呀。"

销售人员："不要考虑我，您开会，我等您。×× 保险的精神不能在我这里停滞，您说地点吧。"

客户："不行呀，这个会完了，立刻就要走，肯定没有时间与您谈。"

销售人员："我们不用谈，5 分钟就够，实在不行，我与您的秘书具体谈一下也行，其实我都已经在路上了，我来核实一下您的具体地址。"

客户："都已经在路上了？那好吧，地址是……"

情景分析

客户在索要了有关 ×× 保险的 5 年期两全保险的资料后就没有联系了，因此销售人员主动给客户打电话了解客户的具体要求。

"没有时间"似乎成了现代人的口头禅，而且用来作为拒绝的理由也显得特别充足。

"没有时间"是一个相对的概念。问题的关键在于：对自己很重要的事情，人们总会有时间；当觉得某件事不那么重要时，人们总会想办法推托。当电话销售人员打电话给客户，客户说“我现在很忙，没有时间，以后再说吧”，这种情况只能说明一个道理，这位电话销售人员的电话对这位客户来说并不重要，客户手里边的任何一件事都比接听销售人员的电话重要。

其实解决这个问题很简单，就是电话销售人员务必要让自己的电话听起来是对对方有用的，而且非常重要。

技巧点拨

过于平淡的话语不足以打动一个在商场上忙碌的生意人，要从核心实质上打动客户。应对繁忙的客户首先要强调占用的时间是短暂的，其次要强调已经采取行动，从而获得邀约的成功。

情景 68 我已经有了……目前还不需要

情景再现

情景一：

销售人员：“您好，我是 ×× 电器公司业务员杨晓，我打电话给您，是觉得您会对我公司最新推出的 DVD 感兴趣，它带逐行扫描功能，并且有色差输出，更重要的是它的纠错功能也不错……”

客户：“哦，我们已经有了 VCD，DVD 目前还不需要。”

销售人员：“哦，是这样，那您肯定喜欢看影碟了？”

客户：“嗯。”

销售人员：“我想您这样喜欢看影碟的话，肯定看过不少大片，其实看大片，画质和音效都很重要。用 DVD 放出的画质特别好。另外，影片中的声音仿佛就在身边。这是运用了杜比 AC.3 技术，使您有身临其境的感觉。”

客户：“嗯，听起来是不错，VCD 就放不出来吗？”

销售人员：“是的，只有 DVD 才具有杜比 AC.3 的技术，也就是我们常说的 5.1 声道。看 DVD 碟片不光是声音，画质方面和 VCD 比较也有很大的提高，像这款 DVD……”

客户：“你下午先带一台过来让我感受一下吧。”

销售人员：“好的，下午见。”

情景二：

情人节的前几天，一位电话销售人员给客户家里打电话推销化妆品。接电话的是男主人。

销售人员：“先生，我是×××化妆品公司的业务员吉姆，我们公司的化妆品是公认的好牌子，深受广大爱美女性的喜欢。我想您的夫人可能想买一套化妆品。”

客户：“化妆品？我太太没准会喜欢，她一向就爱打扮。但她今天不在家，我没法替她拿主意。”

销售人员："先生，情人节马上就要到了，不知您是否已经给您太太买了礼物。我想，如果您送一套化妆品给您太太，她一定会非常高兴。"

客户："嗯。"

销售人员（抓住时机）："每位先生都希望自己的太太是最漂亮的，我想您也不例外。"

客户："你们的化妆品多少钱。"

销售人员："礼物是不计价钱的，要送给心爱的太太，当然挑最好的。"

于是一套很贵的化妆品就推销出去了。

情景分析

怎样让客户认识到自己的需求是推销员电话推销的一个重要问题。作为电话销售人员，首要任务就是把这样的需求强化，并让客户强烈地意识到自己对这方面的需求。

情景一中的电话销售人员就是一个善于为顾客创造需求的电话销售人员。

首先，电话销售人员向顾客介绍 DVD，而顾客表示暂时不需要，这完全是一种正常反应。这时候，如果电话销售人员继续向顾客介绍产品，得到的回答必然是拒绝。

其次，这位电话销售人员及时地改变了策略，问顾客"那您肯定喜欢看影碟了"，这是一种感性的提问，完全取决于电话销售人员的思维水平。接下来，他又通过与顾客谈影片联系到 DVD 的技术，从而激发顾客对 DVD 产品的兴趣，进而继续向顾客介绍自己的产品。这个过程是电话销售人员为客户创造需求的过程。最终以电话销售人员的胜利而结束。

情景二中的电话销售人员是抓住了情人节这个契机推销成功的。在开始时，电话销售人员反复向男主人介绍化妆品的好处，结果并不理想，如果不及时转换策略，那么只能去拜访下一个客户了。

这时，电话销售人员灵机一动："如果您送一套化妆品给您太太，她一定会非常高兴。"结果那位男主人果然心动，当他询问价钱时，电话销售人员又机智地说："礼物是不计价钱的。"最后化妆品以原价成交了。电话销售人员正是抓住了"情人节"这个契机，成功销售了昂贵的化妆品。

技巧点拨

当客户说"我已经有了……目前还不需要"时，销售人员应转变思路，引导客户创造需求。并且很多时候，"没有需求"型的顾客很多情况下并不是真的没有需求，只是不愿意被电话销售人员缠住。但是电话销售人员如果能发挥思维优势，提出让顾客感兴趣的事情，他也愿意和你交流。这时候要及时把握好客户关注的焦点，让自己有机会在和客户沟通的过程中，掌握好客户的真正需求所在。

第三章
前台或接线员直接拒绝

情景 69　现在忙音，待会儿再打

情景再现

情景一：

销售人员："您好，麻烦您帮我转一下李经理。"

秘书："现在忙音，待会儿再打。"

销售人员："您都没有给我转，怎么就说是忙音呢？"

秘书："喂，你这个人真的很啰唆，让你等会儿再打你没听见吗？我是说我现在很忙！"

销售人员："请问您贵姓？"

秘书："这不关你的事。"

销售人员："您接听电话都是这种态度吗？您知不知道，您的这种态度会让贵公司损失很多客户。好吧，既然您不愿转电话，我也不勉强，不过，等会儿你们老总打电话过来时，我将把您的情况如实反映一下。”

秘书：“对不起，我实在太忙了，我现在就给你转。”

情景二：

销售人员：“您好，是远大公司吗？”

秘书：“请问有什么事情？”

销售人员：“我找王总有点急事！”

秘书：“他现在很忙，没时间接电话。”

销售人员：“我昨天已经和他约好今天这个时候通电话的，麻烦您通知他一下，好吗？”

秘书：“要不你先跟我说说，待会儿我再转达给他。”

销售人员：“跟您说当然可以，但您能做主吗？告诉我您的姓名，如果你们老总再打电话过来，我就跟他说我已经向您汇报过了。”

秘书：“稍等，我帮你转……”

情景分析

在电话销售中，销售人员有时会遇到很不礼貌的秘书或前台人员。可能是其他不愉快的事导致秘书或前台人员情绪很糟糕，恰好这时电话销售人员打电话过去，他们便就势发泄自己的情绪。另外一种情形是对方的秘书或前台人员本身素质就很差，对谁都爱答不理，敷衍工作。遇到这些情形，电话销售人员就没有必要跟他们浪费时间，应该如情景一中的电话销售人员那样直接摆高自己的姿态，狠狠还击对方。

有时电话销售人员遇到的秘书或前台人员特别爱管闲事，对什么事都喜欢刨根问底，甚至为了阻止你找到负责人，搬出很多理由来搪塞。这时可像情景二中电话销售人员那样强调“责任”两个字，告诉他向他汇报完全可以，但他必须承担责任，从而给对方造成一定的压力。这时对方就不得不按你的要求做了。

还有些时候，一些接线人故意阻拦不给转电话，他们会高傲地问：“有何贵干？”销售人员一般可以回答说：“这是我们的私事。”绝大多数时候，这样回答也就够了，接线人可不敢随便插手老板的私事，电话马上就会被转到你要找的决策人那里。

技巧点拨

遇到态度恶劣的前台工作人员或秘书时，电话销售人员没有必要跟她们浪费时间，可以适当摆高自己的姿态。

情景 70　推销电话不得接入总经理办公室

情景再现

销售人员：“前台小姐，您就算帮我个大忙还不行吗？”

秘书："不是我不帮你，这是公司的规定，推销电话一律不得接入总经理办公室。"

销售人员："我都打了这么多次电话，充分表达了我的诚意，您还不给点面子，通融一下？"

秘书："我不会把你的电话转给总经理的！你要搞清楚，我好不容易才得到这份工作，请你不要给我添乱了！"

销售人员："小姐，我这份工作来得也不容易啊！这个月我都打了几百个电话了，却没有一个单子能成的，如果再没有订单，我的饭碗可能就保不住了。但我知道您也不容易，就不难为您了，以后我不会再往这里打电话了，谢谢您。"

秘书（有点动情，小声地）："总经理每天都会加班到很晚，如果六点下班后再打这个电话，很可能会是总经理接。我只能帮你这么多了。"

获此消息，销售人员喜不自禁。当天晚上七点钟，他把电话再次打过去，果然是总经理接。经过一番沟通，总经理同意他第二天把样品带到办公室来。

情景分析

在案例中，电话销售人员为了拿下一个大客户而打了不少电话，却始终过不了前台这一关，无论他怎样请求都无济于事。前台不转销售人员的电话是在履行自己的职责，电话销售人员要想通过电话找到决策人，就必须改变策略。案例中的销售员不愧为一个推销的高手，他及时转变了策略，当听到前台说“我不会把你的电话转给总经理的！你要搞清楚，我好不容易才得到这份工作，请你不要给我添乱了”时，他说：“小姐，我这份工作来得也不容易啊！……谢谢您了！”一番话获得了对方的好感，打动了对方，最终，前台向他透露了总经理的信息，销售员最终与总经理取得了联系。

技巧点拨

对电话销售人员而言，前台、秘书等接线员往往是他们接触负责人的最大障碍。因此，电话销售人员首先应取得这些人的认可，才有可能达到签单的目的。因此，当接线员以公司的规定等为名，不为你转接电话时，你应积极采取应对措施，通过情感沟通与接线员搞好关系，获得他们的认可。一旦获得了接线员的认可，得到了负责人的情况，就可以变障碍为桥梁，顺利达到目的。

接线员